DESARROLLO DE SISTEMAS DE INFORMACIÓN

BAJO ENFOQUE INCREMENTAL

LUIS R CASTELLANOS

2DA EDICIÓN

2015

Luis Castellanos

luiscastellanos@yahoo.com

@lrcastellanos

luiscastellanos.org

http://luiscastellanos.org

Ediciones IC
Venezuela

ISBN 978-151884509-3

ISBN 978-151884509-3

1ra Edición 2012

2da Edición 2015

Maracaibo, Venezuela

A Dios por permitirme vivir.
A mis hijos, por ser mi razón de vivir.
A mis padres, por enseñarme a vivir
A ti por hacerme vivir.

Tabla de Contenido

1 INTRODUCCIÓN

Es mi intención que esta recopilación sea útil y que sirva como punto de arranque para comenzar a analizar, diseñar y construir Sistemas de Información.

Algo en lo que se debe estar claro es que para desarrollar un Sistema de Información, no se necesita de una Metodología en particular si es una sola persona el que lo va a desarrollar. Y por supuesto, si esa sola persona es quien de manera perenne le va a hacer mantenimiento y seguimiento al Sistema.

Ahora, si se va a desarrollar en equipo, y se va a ofrecer una solución a un cliente o a un usuario, es altamente recomendable que se siga una Metodología, a fin de unificar criterios en el equipo de desarrollo para facilitar el trabajo antes, durante y después.

No pretendo competir con personalidades como James Senn o los Kendall y Kendall, pero me parece que para efectos de realizar Sistemas de Información dirigidos a empresas pequeñas o medianas, se hace más fácil seguir esta Metodología. Y la idea es compartirla con quien la quiera usar.

Deseo expresar mis más sinceras palabras de agradecimiento en primer lugar a todos mis estudiantes, quienes creyeron en lo que les decía, y que se convirtieron en mis multiplicadores.

Igualmente debo agradecer a mis profesores que en el IUPFAN sembraron en mí la semilla del Análisis y Diseño de Sistemas.

No puedo dejar de agradecer a todas las personas que han aplicado la Metodología de Desarrollo de Sistemas, ya sea en el ámbito académico como en el ámbito laboral.

Para graduarme en la Universidad como Ingeniero de Sistemas tuve que utilizar una metodología de Desarrollo, y tomando como punto de partida las metodologías que conocía, elabore la presente, que he ido mejorando y actualizando con mi experiencia y a través del tiempo. Me di cuenta que las Metodologías de Desarrollo de Sistemas presentaban sólo un esquema general a seguir, y no eran específicas. Y por ello desde ese momento hice lo que muchos llaman, una metodología "híbrida", tomando un poco de cada autor conocido.

Esta recopilación tiene como objetivo principal plantear una Metodología Incremental para el Desarrollo de Sistemas de Información. Actualmente en las Universidades Nacionales se enseñan Metodologías de Desarrollo de diversos autores, muchos de ellos extranjeros, y por ello se plantea una Metodología

Incremental, basada en el análisis de las metodologías propuestas por diversos autores y en la experiencia del autor, para el Desarrollo de Sistemas de Información.

Se hace un esbozo de conceptos básicos de Gerencia, Sistema, Información, Sistema de Información, Planificación de Proyectos, para luego describir la Metodología a presentar.

La misma consta de seis fases a saber: Estudio de Factibilidad, Acciones Preliminares, Análisis, Diseño, Programación e Implantación.

De igual manera se presentan recomendaciones a seguir y errores a evitar, durante el Desarrollo de Sistemas de Información.

Luis Castellanos

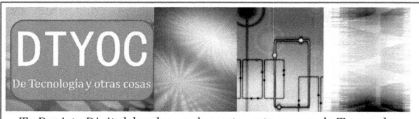

Tu Revista Digital donde puedes enterarte acerca de Temas de Tecnología y de muchas otras cosas más.

  http://dtyoc.com  revista@dtyoc.com www.facebook.com/dtyoc

2 CONCEPTOS DE GERENCIA

Indudablemente que antes de hablar de Sistemas, se debe hablar acerca de la Gerencia, y de algunos conceptos básicos que se deben conocer y manejar.

Gerencia es el proceso de trabajar con y a través de otros para alcanzar objetivos organizacionales, en un ambiente cambiante (Kreitner, 2001).

La palabra gerencia se utiliza para denominar al conjunto de empleados de alta calificación que se encarga de dirigir y gestionar los asuntos de una empresa[1].

El termino **gerente** se emplea para denominar a quien está a cargo de la dirección de alguna organización, institución o empresa o parte de ella.

El papel del gerente es utilizar tan eficientemente como sea posible los recursos a su disposición a fin de obtener el máximo posible de beneficio de los mismos. En otras palabras, maximizar la utilidad productiva de su organización, sección, etc.

 Y fue Adam Smith quien introdujo (en 1776) el término al vocabulario económico como "*management*" (gerencia, administración) en "La riqueza de las naciones".

[1] http://definicion.de/gerencia

La Gerencia, desde finales del Siglo XX se clasifica en 7 grandes áreas:

- ✓ Gerencia de Talento Humano o personal.
- ✓ Gerencia de operaciones o Administración de la Producción o Gestión de proyectos
- ✓ Gerencia o Planificación estratégica.
- ✓ Gerencia de Mercadeo
- ✓ Gerencia del Conocimiento o de Educación.
- ✓ Gerencia de Finanzas Corporativas.
- ✓ Gerencia de la Tecnología de la Información.

Muchos autores (entre los que se puede mencionar a Kreitner, 2001) señalan diversas funciones que deben cumplir los que cumplen el rol de Gerentes, las cuales divido en funciones básicas y en funciones de complemento.

2.1 Funciones Gerenciales Básicas:

Son funciones que el Gerente debe cumplir de manera simultánea, y representan los pilares de un buen desempeño. Quizás se puedan comparar con las 4 patas de una mesa o de una silla: si falta una, el mueble queda inestable.

- ✓ **Planificación**: establece metas / desarrolla estrategias
- ✓ **Organización**: agrupa actividades, recursos, procedimientos para garantizar la ejecución de actividades
- ✓ **Administración de Personal**: selección / empleo adecuado de personal
- ✓ **Supervisión**: mide rendimiento y genera correcciones

2.2   Funciones Gerenciales de Complemento:

Son funciones, que a pesar de no considerarlas básicas, ayudan al éxito de la función del Gerente.

- ✓ **Comunicación**: transfiere comunicación al personal
- ✓ **Dirección**: liderazgo y motivación del personal
- ✓ **Coordinación**: coordina ejecución de actividades
- ✓ **Toma de Decisiones**:
  - ❖ Planteamiento del Problema
  - ❖ Formulación y Análisis de Formas de Acción (F/A)
  - ❖ Selección de la F/A
  - ❖ Implantación de la F/A
  - ❖ Evaluación de Resultados

Por otro lado, se considera que existen varias disciplinas que deben ser conocidas y manejadas por un Gerente, entre las que se pueden mencionar:

- ✓ Liderazgo
- ✓ Motivación
- ✓ Delegación
- ✓ Desarrollo Organizacional
- ✓ Administración del Talento Humano
- ✓ Tecnología de Información
- ✓ Manejo de Conflictos
- ✓ Responsabilidad Social

Ahora bien, ¿qué necesita un Gerente para ser exitoso? De acuerdo a Kreitner (2001), los factores de éxito para un Gerente son los siguientes:

- ✓ Habilidad Gerencial: es la capacidad demostrada de alcanzar objetivos organizacionales de manera efectiva y eficiente.

✓ Motivación para Gerenciar: es la capacidad de persistencia, de no rendirse ante las adversidades, Resiliencia.

✓ Oportunidad: es el obtener el cargo gerencial y crear un ambiente laboral adecuado

Para finalizar este capítulo, se debe hacer mención de lo algunos denomina la "Escalera de Anthony", o sencillamente los Niveles Gerenciales presentes en cada organización, sea ésta pública o privada, e independientemente del tamaño y de su estructura.

Cualquier organización se divide en tres (3) niveles claramente definidos, a saber:

✓ Nivel Operacional: constituido por la Gerencia de Línea u Operativa. Son los técnicos, y los que se encargan del día a día.

✓ Nivel Táctico: constituido por la Gerencia Media. Son Gerentes que se encargan de la coordinación de las actividades internas y de manera general en la organización.

✓ Nivel Estratégico: constituido por la Alta Gerencia, y se encargan de la ejecución de actividades dentro de la organización y fuera de ella, en relación con el entorno y/o competencia. Se encarga de realizar la proyección de la organización, de elaborar las planificaciones a largo plazo y establecer el rumbo a tomar.

Normalmente, mientras se va ascendiendo en la escalera o pirámide, se van adquiriendo muchos conocimientos (pero de manera genérica), en muchas de las áreas. Y mientras más abajo se esté en la escalera o pirámide, el conocimiento se hace más específico o especializado.

Escalera de Anthony

3 SISTEMAS DE INFORMACIÓN

3.1 Conceptos básicos

Antes de conceptualizar a los Sistemas de Información, se conceptualizarán sus componentes:

Sistema:

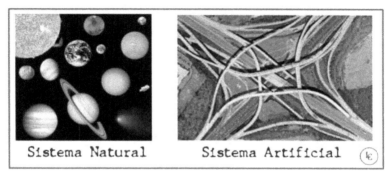

Sistema Natural   Sistema Artificial

- ✓ es un conjunto de elementos interrelacionados e interactuantes entre sí.[2]
- ✓ es un conjunto de partes o elementos organizados y relacionados que interactúan entre sí para lograr un objetivo.[3]
- ✓ es un conjunto de unidades en interrelación.[4]
- ✓ es una totalidad organizada, hecha de elementos solidarios que no pueden ser definidos más que los

---

[2] http://es.wikipedia.org/wiki/Sistema
[3] http://www.alegsa.com.ar/Dic/sistema.php
[4]   http://www.daedalus.es/inteligencia-de-negocio/sistemas-complejos/ciencia-de-sistemas/que-es-un-sistema/

unos con relación a los otros en función de su lugar en esa totalidad.[5]

✓ es un todo integrado, aunque compuesto de estructuras diversas, interactuantes y especializadas.[6]

Información:

✓ es un conjunto organizado de datos, que constituye un mensaje sobre un cierto fenómeno o ente.[7]

✓ es un fenómeno que proporciona significado o sentido a las cosas, e indica mediante códigos y conjuntos de datos, los modelos del pensamiento humano.[8]

Sobre la base de lo expuesto con anterioridad, se pueden obtener los siguientes conceptos:

✧ Sistema: un conjunto interrelacionado de partes que persiguen un fin común

✧ Información: datos procesados o datos con sentido

---

[5] Idem
[6] Idem
[7] http://definicion.de/informacion/
[8] http://es.wikipedia.org/wiki/Informaci%C3%B3n

Uniendo ambos vocablos, se caracteriza al "Sistema de Información":

✓ es un conjunto de elementos que interactúan entre sí con el fin de apoyar las actividades de una empresa o negocio.[9]

✓ es un conjunto organizado de elementos que interactúan entre sí para procesar los datos y la información (incluyendo procesos manuales y automáticos) y distribuirla de la manera más adecuada posible en una determinada organización en función de sus objetivos.[10]

✓ es un conjunto organizado de elementos, que pueden ser personas, datos, actividades o recursos materiales en general, que interactúan entre sí para procesar información y distribuirla de manera adecuada en función de los objetivos de una organización.[11]

Un Sistema de Información (SI) es un conjunto interrelacionado de elementos que proveen información para el apoyo de las funciones de operación, gerencia y toma de decisiones en una organización.

---

[9] http://www.monografias.com/trabajos7/sisinf/sisinf.shtml
[10] http://es.wikipedia.org/wiki/Sistemas_de_informaci%C3%B3n
[11] http://definicion.de/sistema-de-informacion/

Un aspecto que debe ser señalado, es que un Sistema de información puede ser Manual o puede ser automatizado. Existe la creencia generalizada, errónea por cierto, que un Sistema de Información **debe** ser automatizado. En la actualidad aún existen Sistemas de Información que se llevan de manera manual, y que aún son eficientes y que no tienen necesidad de ser automatizados, ya sea por el costo que representa o por la sencillez del mismo.

Como Sistema que es, un SI presenta el mismo modelo de Entrada-Proceso-Salida:

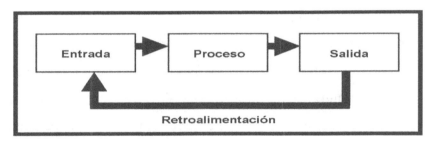

3.2 Características

Un Sistema de Información presenta las siguientes características:

- ✓ Generalidad
- ✓ Simplicidad
- ✓ Continuidad
- ✓ Consistencia
- ✓ Flexibilidad
- ✓ Dinamismo

3.3 Objetivos

Los objetivos que persigue un Sistema de Información son:

- ✓ Automatizar los procesos operativos.
- ✓ Proporcionar información que sirva de apoyo al proceso de toma de decisiones.
- ✓ Lograr ventajas competitivas a través de su implantación y uso.[12]

3.4 Tipos

Algunos tipos de Sistemas de Información:

- ✓ Sistemas Transaccionales: automatizan tareas operativas de la organización.
- ✓ Sistemas de Apoyo de las Decisiones: brindan información que sirve de apoyo a los mandos intermedios y a la alta administración en el proceso de toma de decisiones.
- ✓ Sistemas Estratégicos: generan ventajas que los competidores no posean, tales como ventajas en costos y servicios diferenciados con clientes y proveedores.
- ✓ Sistema Planificación de Recursos (ERP – *Enterprise Resource Planning*): integran la información y los procesos de una organización en un solo sistema.

---

[12] http://www.monografias.com/trabajos7/sisinf/sisinf.shtml

3.5   Evolución de los Sistemas de Información

Históricamente se habla de 4 generaciones de Computadores[13], a saber:

- ✓ 1ra Generación: Tubos al vacío
- ✓ 2da Generación: Transistores
- ✓ 3ra Generación: Circuitos Integrados
- ✓ 4ta Generación: Microprocesadores

Durante las 3 primeras generaciones, se hablaba de "Procesamiento de Datos", al estar trabajando el personal del nivel "operativo" con las computadoras.

A partir de la aparición de los microprocesadores, se involucra el nivel "táctico" o medio, y empiezan a ser desarrollados los primeros sistemas de información, que podían ser consultados en computadoras de escritorio, más manejables que los mainframes usados hasta el momento.

Al evolucionar la Tecnología de Información, el nivel gerencial "estratégico" (alta gerencia) también requiere de herramientas para manejar el negocio, desarrollándose los "Sistemas de Información Gerencial" (SIG) y luego los "ERP's".

- ⌐ Nivel Operativo: Procesamiento de Datos
- ⌐ Nivel Táctico: Sistemas de Información
- ⌐ Nivel Estratégico: ERP's / SIG

---

[13] De acuerdo a Tanembaum.
https://lcsistemasoperativos.wordpress.com/2015/02/01/01-02-evolucion/

3.6   Complementos

Sistemas de Información Administrativos

http://dtyoc.com/2013/10/01/ano-01-numero-01/

ERP – Enterprise Resource Planning (Planificación de Recursos Empresariales)

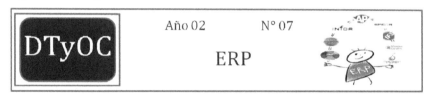

http://dtyoc.com/2015/04/01/ano-02-numero-07-erp/

4 Metodologías para el Desarrollo de Sistemas de Información

Una Metodología para el Desarrollo de Sistemas de Información es un conjunto de actividades llevadas a cabo para desarrollar y poner en marcha un Sistema de Información.

4.1 Objetivos

Los Objetivos de las Metodologías de Desarrollo de Sistemas de Información son:

- ⌐ Definir actividades a llevarse a cabo en un Proyecto de S.I.
- ⌐ Unificar criterios en la organización para el desarrollo de S.I.
- ⌐ Proporcionar puntos de control y revisión

4.2 Distribución del tiempo

Independientemente de la Metodología de Desarrollo de Sistemas de Información que se siga, varios autores sugieren distribuir el tiempo de desarrollo de acuerdo a los siguientes porcentajes:

Distribución del Tiempo (en %) para un Proyecto de S.I.:

	M.Zelkowitz	J. Senn	J. Montilva
● Est.Factib./Análisis	20%		
● Diseño	15%	35%	40%
● Programación	20%	25%	20%
● Prueba	45%	35%	40%
● Documentación		05%	

Todos concuerdan que se debe dedicar más tiempo

4.3 Tipos de Metodologías de Desarrollo

Los Tipos de Metodologías de Desarrollo de Sistemas son:

🖱 Estructurada (cascada)

🖱 Se maneja como proyecto

🖱 Gran volumen de datos y transacciones

🖱 Abarca varias áreas organizativas de la empresa

🖱 Tiempo de desarrollo largo

🖱 Requiere que se cumplan todas las etapas, para poder cumplir las siguientes (progresión lineal y secuencial de una fase a la otra)

🖱 Evolutiva-Incremental

🖱 Se deriva de la estructurada

🖱 Permite seguir secuencias ascendentes o descendentes en las etapas del desarrollo

🖱 Permite cumplir etapas o fases en paralelo, por lo que es más flexible que la estructurada

Esquema de una Metodología Clásica de Desarrollo de Sistemas.
Fuente: L Castellanos

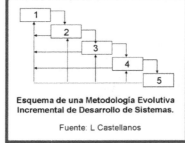

Esquema de una Metodología Evolutiva Incremental de Desarrollo de Sistemas.
Fuente: L Castellanos

🖱 Prototipos

    🖱 Desarrolla modelo en escala del sistema propuesto (sistema objetivo)

    🖱 En otras palabras, desarrolla un "demo", que de ser aprobado por el usuario, se culmina con todas las funcionalidades.

    🖱 Se prueba y refina hasta que usuarios conformes

    🖱 Identifica necesidades de información

    🖱 Maneja principales procedimientos orientados a transacciones

    🖱 Produce informes críticos

    🖱 Permite consultas rudimentarias

    🖱 Complementa especificaciones imprecisas y/o incompletas de los usuarios

- Orientada a Objetos
    - No modela la realidad, sino la forma en que las personas comprenden y procesan la realidad
    - Es un proceso ascendente basado en una abstracción de clases en aumento
    - Se basa en identificación de objetos, definición y organización de librerías de clases, y creación de macros para aplicaciones específicas
    - Utiliza menor cantidad de código
    - Es más reutilizable

Algunas de las Metodologías de Desarrollo de Sistemas de Información se recogen a continuación:

ARDI	Murdick & Ross
Preparación Inicial	Estudio
Análisis y Diseño	Diseño General
Desarrollo	Diseño Detallado
Puesta en Marcha y Prueba	Implantación
Kendall & Kendall	**J. Senn**
Determinación de Requerimientos	Investigación Preliminar
Análisis de Necesidades	Determinar Requerimientos
Diseño	Diseño
Desarrollo y Documentación	Desarrollo de Software
Prueba y Mantenimiento	Prueba
Implantación y Evaluación	Implantación y Evaluación
Pérez Peregrina	**J. Montilva (MEDSI)**
Investigación	Requerimientos Sistema
Análisis	Requerimientos Programas

Diseño	Diseño Preliminar
Desarrollo	Diseño Detallado
Implementación	Codificación y Depuración
Operación	Pruebas y Preoperación
Control de Proyectos	Operación y Mantenimiento
J. Lloréns (I)	**J. Lloréns (II)**
Estudio de Factibilidad	Requerimientos
Análisis	Análisis y Diseño
Diseño General	Construcción
Diseño Detallado	Pruebas
Programación	Producción y Mantenimiento
Prueba	
Conversión e Implantación	
L. Long	**E. Yourdon**
Análisis de Sistemas	Encuesta
Diseño de Sistemas	Análisis
Programación	Diseño
Conversión e instauración	Implantación
Postinstauración (producción)	Generación Prueba de Aceptación
	Control de Calidad
	Descripción Procedimientos
	Conversión de B.D.
	Instalación

4.4 Complementos

https://lcorientadoaobjetos.wordpress.com/

5 JUSTIFICACIÓN DE UNA METODOLOGÍA PARA EL DESARROLLO INCREMENTAL DE SISTEMAS DE INFORMACIÓN

 Una metodología incremental presenta la ventaja de ser dinámica y flexible. Permite usar las salidas de las etapas precedentes, como entradas en las etapas sucesivas, y facilita corregir cualquier error detectado o llevar a cabo mejoras en los distintos productos que se generan a lo largo de su aplicación.

Todas las metodologías existentes, así como la que se presenta, se basan en la metodología clásica o en cascada. Y una vez que se conoce esa metodología clásica, es más fácil aplicar cualquiera de las metodologías que de ella se derivan.

A lo largo de los últimos años, en Venezuela se enseñan, en los recintos universitarios y centros de educación especializada, metodologías de Desarrollo de Sistemas propuestas por diversos autores, teniendo como principales autores a James Senn y a Kendall & Kendall. Por otra parte, se presentan, en algunos recintos, las metodologías de Jonás Montilva y de Juan Lloréns Fabregás, como parte de las propuestas hechas en Venezuela.

Sin embargo, lo que normalmente se hace es presentar las metodologías para que el analista ponga en práctica la que más le sea conveniente, tomando elementos de cada una de ellas.

A continuación se presenta la Metodología para el Desarrollo Incremental de Sistemas de Información, producto de esa recopilación y de la experiencia del autor.

6 ESQUEMA DE DESARROLLO DE SISTEMAS

Estudio de Factibilidad

Determina si es posible o no ofrecer solución automatizada a los problemas actuales.

- ⌐ Descripción del Entorno
- ⌐ Identificación del Problema
- ⌐ Identificación de los Procedimientos Actuales
- ⌐ Presentación de las Posibles Soluciones al Problema
- ⌐ Validación de las Posibles Soluciones
- ⌐ Determinación de las Ventajas y Desventajas de cada Posible Solución
- ⌐ Elaboración de un Cuadro comparativo de Costos y Tiempos de Ejecución
- ⌐ Recomendación

Acciones Preliminares

Presenta la planificación del proyecto y de su equipo.

- ⌐ Designación del equipo de Proyecto
- ⌐ Elaboración de la Planificación del Proyecto

Análisis de Sistemas

Permite conocer el sistema actual.

- 🖱 Identificación del Objetivo General y de los Objetivos Específicos del Sistema Propuesto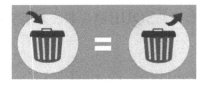
- 🖱 Identificación de Usuarios
- 🖱 Realización del Modelo Lógico del Sistema Actual (DFD)
- 🖱 Recopilación del Diccionario de Datos del Sistema Actual
- 🖱 Recopilación de Reportes del Sistema Actual
- 🖱 Elaboración de Procedimientos Propuestos

Diseño de Sistemas

Presenta la propuesta del Sistema.

- 🖱 Realización del Modelo Lógico del Sistema Propuesto (DFD)
- 🖱 Recopilación del Diccionario de Datos del Sistema Propuesto
- 🖱 Elaboración del Diagrama Entidad Relación
- 🖱 Elaboración del Diagrama Estructurado de Datos
- 🖱 Elaboración de la Carta Estructurada
- 🖱 Elaboración de los Diagramas de Acción
- 🖱 Presentación del Diseño de Interfases
- 🖱 Selección de la plataforma de desarrollo

Programación

Se ejecuta la codificación y la creación de la Base de Datos

- ⌐ Código fuente y código objeto
- ⌐ Creación de la Base de Datos

Implantación

Incluye todas las actividades para poner un sistema en producción (entregar al usuario).

- ⌐ Prueba
- ⌐ Conversión
- ⌐ Instalación de Hardware y Software
- ⌐ Adiestramiento de Usuarios
- ⌐ Elaboración de la Documentación
- ⌐ Entrega al Usuario

Factibilidad	Preliminares	Análisis	Diseño	Programación	Implantación
Descripción del Entorno	Equipo del proyecto	Objetivos	DFD propuesto	Codificación	Prueba
Identificación del Problema	Planificación del proyecto	Usuarios	DD propuesto	Creación BD	Conversión
Procedimientos actuales		DFD actual	DER		Instalación HW/SW
Posibles soluciones		DD actual	DED		Adiestramiento
Validación de soluciones		Reportes actuales	Carta Estructurada		Documentación
Ventajas y Desventajas		Procedimientos propuest.	Diagramas de Acción		Entrega al Usuario
Comparación costos/tiempo			Interfases		
Recomendación			Selección Plataforma		

Metodología de Desarrollo de Sistemas de Información – Luis Castellanos

7 ESTUDIO DE FACTIBILIDAD

Determina si es posible o no ofrecer solución a los problemas actuales. Representa el primer paso a cumplirse dentro de cualquier ciclo de desarrollo.

Brinda información muy amplia acerca de la unidad a quien se le va desarrollar el S.I., y determina si el mismo es o no factible.

Cuando se elabora el Estudio de Factibilidad, aún no se tiene la certeza de la aprobación del proyecto, y se comienza a levantar, de manera general, la información que será relevante para plantear la solución al problema encontrado.

Por ello el tiempo a ser empleado en esta fase debe ser el mínimo indispensable. Se dice que el Estudio de Factibilidad es un "Presupuesto" o "Cotización" que se le hace al cliente o al usuario, y de su aprobación dependerá el inicio del desarrollo del proyecto de Sistemas de Información. Algunos lo denominan la "Propuesta del Sistema".

Una vez aprobado el Estudio de Factibilidad por el Comité de Sistemas[14], clientes o usuarios, se procede con las siguientes etapas del ciclo de vida

---

[14] Normalmente un Comité de Sistemas estaría conformado por el Gerente o Directivo de las áreas de Compras (el que compra), Finanzas (el que financia la compra), Sistemas o Tecnología (quien hará el posterior mantenimiento) y el área Usuaria.

Normalmente el costo del Hardware no es pertinente en un desarrollo de S.I., ya que lo que si es importante es el Software. En caso de que el cliente o usuario requiera Hardware, se deberá colocar en otra propuesta aparte. Y es que aún, en esta etapa, no se conocen a ciencia cierta los requerimientos exactos de Hardware. Se conoce lo general, pero no lo específico. Las empresas que desarrollan Sistemas de Información tienen asociados a quienes se les refiere lo concerniente al Hardware y demás equipos que puedan hacer falta más adelante.

7.1 Pasos a seguir
Los pasos a seguir en esta fase son las siguientes:
- Descripción del Entorno
- Identificación del Problema
- Identificación de los Procedimientos Actuales
- Presentación de las Posibles Soluciones al Problema
- Validación de las Posibles Soluciones
- Ventajas y Desventajas de cada Posible Solución
- Cuadro comparativo de Costos y Tiempos de Ejecución
- Recomendación

7.2 Descripción del Entorno
Como quiera que se va a trabajar *a posteriori* en equipo, los analistas iniciales deben describir el entorno organizacional en donde se va a desarrollar el SI. Se debe hacer una breve

reseña de la empresa (fecha de inicio de actividades, domicilio, ramo al cual se dedica, organigrama general), y una breve reseña de la Unidad Funcional específica a la cual se le desarrollará el SI.

En las fases de cualquier Metodología de Desarrollo de Sistemas de Información se deben emplear técnicas de recolección de información.

✍ Entrevistas

✍ Cuestionarios

✍ Observación Directa

(Serán detalladas en el siguiente capítulo de "Análisis de Sistemas").

7.3   Identificación del Problema

Es primordial que se identifique el problema, para poder tener más claro cuáles pueden ser las posibles soluciones que se van a presentar.

> Un problema no puede presentarse en términos de "el sistema es manual". Un sistema manual no tiene porque ser un problema per se.

Se identifica el problema real: los resultados no son confiables, las operaciones toman mucho tiempo, los cálculos no son precisos. Al identificar verdaderamente el problema, se hace luego más fácil ofrecer la solución correcta y adecuada.

7.4 Identificación de los Procedimientos Actuales

Se deben identificar, *a grosso modo*, los procedimientos generales que se llevan a cabo actualmente en la Unidad Funcional.

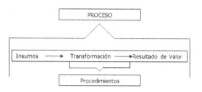

7.5 Presentación de las Posibles Soluciones al Problema

Se deben presentar al menos tres (03) posibles soluciones al Problema identificado. El presentarle una sola solución

al usuario o cliente es forzarle a elegir una única propuesta. Al ofrecer al menos tres (03) posibles soluciones el usuario se sentirá que tiene la libertad para seleccionar la que considere más conveniente.

Normalmente en el ámbito de Desarrollo de Sistemas de Información se pueden presentar tres (03) soluciones clásicas:

✓ Optimizar el Sistema Actual (quizás mediante la elaboración de procedimientos escritos, formatos, establecimiento de controles)

✓ Adquirir una aplicación existente en el mercado y adaptarla a la organización

✓ Desarrollar una aplicación hecha a la medida

7.6 Validación de las Posibles Soluciones

Todas las Posibles Soluciones a presentar deben ser factibles, desde el punto de vista Operativo, Técnico y Económico.

✓ Factibilidad Técnica (¿existe tecnología para realizar el S.I.?)

✓ Factibilidad Operativa (¿habrá resistencia al cambio?)

✓ Factibilidad Económica (relación beneficio/costo)

No se puede ofrecer una solución que no sea factible

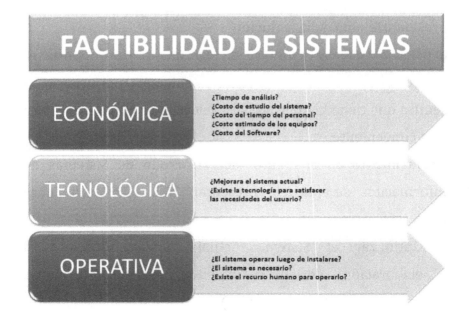

7.7 Determinación de las Ventajas y Desventajas de cada Posible Solución

Se presentan las ventajas y desventajas de cada Posible Solución, a fin de ofrecerle al cliente una base más sólida para la toma de decisiones y selección de la solución más adecuada.

7.8 Elaboración del Cuadro comparativo de Costos y Tiempos de Ejecución

Se elabora un cuadro comparativo, donde se presenta cada solución, con su respectivo costo y tiempo de ejecución, a fin de presentarle de manera más resumida al usuario las opciones disponibles.

	TIEMPO DE ENTREGA	COSTO
OPCIÓN 1	3 MESES	$4.000
OPCIÓN 2	1 SEMANA	$2.000
OPCIÓN 3	6 MESES	$10.000

7.9 Recomendación

De acuerdo a la experiencia del equipo de proyecto, se enuncia la solución más recomendada para ser desarrollada.

8 ACCIONES PRELIMINARES

Son todas las actividades que se llevan a cabo para el inicio del proyecto de Desarrollo del Sistema de Información.

8.1 Pasos a seguir
Incluye dos actividades básicas:

- Designación del equipo de Proyecto
- Elaboración de la Planificación del Proyecto

8.2 Designación del equipo de Proyecto
Normalmente el Equipo de Desarrollo de Sistemas está conformado por:

- Líder (Gerencia el proyecto)
- Analista (Recoge información inicial y define requerimientos)
- Diseñador S.I. (Diseña el S.I.)
- Diseñador B.D. (Diseña Base de Datos)
- Programador (Codifica/Prueba)
- Usuario Directo
- Transcriptor (Ingresa datos en el sistema, de requerirse)

8.3 Elaboración de la Planificación del Proyecto

Se puede seguir una o más de las técnicas existentes. Las más utilizadas son:

- Gráfico de Barra o Diagrama de Gantt
- PERT-CPM
- Cronograma de Actividades
- Software de Planificación (Oracle Primavera, MS Project, ViewPoint, Harvard Project, etc)

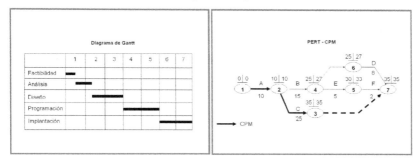

Importancia de la Planificación de Proyectos

- Permite saber qué se deberá hacer y quién lo va a hacer
- Permite saber (aproximadamente) cuando terminará el proyecto

- Pone en evidencia los obstáculos relevantes del proyecto, con el fin de tomar precauciones
- Establece el marco de referencia que permite trabajar eficientemente y evita desperdicio de recursos

Estimación

- Permite identificar las características del proyecto
- Permite recopilar datos históricos acerca de proyectos anteriores
- Permite calcular los recursos necesarios
- Todas las estimaciones están sujetas a variaciones
- Se deben estimar todos los costos de todos los recursos (RRHH, dinero, tiempo, equipos, etc.)

Métodos de estimación

- Histórico
- Intuitivo
- Por promedios ponderados

Normalmente debe sobreestimarse en un 20%

8.4 Complementos

Revisar

http://dtyoc.com/2015/09/01/ano-02-numero-12-
proyectos-en-linea/

Revisar

Apéndice 1: "Cómo hacer un PERT-CPM"

9 ANÁLISIS DE SISTEMAS

9.1 ¿Qué es?

El Análisis de Sistemas amplía resultados del Estudio de Factibilidad y define **QUÉ** va a hacer el nuevo Sistema. Presenta el Modelo del Sistema Actual.

Llevar a cabo el análisis de un sistema no es más que conocer la situación actual. De hecho, se amplían los resultados del Estudio de Factibilidad, y se hace un Modelo Lógico del Sistema Actual. La idea es "retratar" o tomar una "foto" del Sistema Actual.

Así como un médico no da un diagnóstico sin haber estudiado los exámenes clínicos del paciente, un analista no puede ofrecer una solución sin antes haber realizado un análisis de los elementos con las que se cuentan en la actualidad.

Un buen análisis, nos da una buena base para presentar una buena solución. A fin de cuentas, el axioma utilizado en los sistemas es muy válido: basura entra, basura sale.

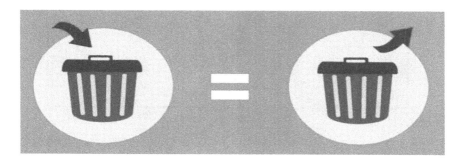

El término GIGO es famoso como abreviatura por el dicho inglés 'Garbage In Garbage Out' (Entra Basura, Sale Basura). Usado primero en la industria de la informática, describió el hecho de que el rendimiento de una computadora sólo era tan bueno como su entrada. Hasta el mejor programa no puede coger datos sin sentido y producir resultados coherentes. Desde luego, GIGO se aplica mucho más ampliamente que al campo de computadoras. La integridad del rendimiento de casi todo sistema o proceso depende de la integridad de su entrada.

Tomado de Global Project Solutions

9.2 Herramientas

- ⌂ Técnicas de recolección de información
- ⌂ Descripciones de procesos y procedimientos
- ⌂ Diagrama de Flujo de Datos (DFD)
- ⌂ Diagrama de Flujo de Procesos (DFP)
- ⌂ Diccionario de Datos (DD)

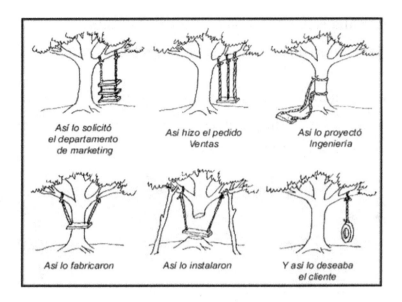

Así lo solicitó el departamento de marketing

Así hizo el pedido Ventas

Así lo proyectó Ingeniería

Así lo fabricaron

Así lo instalaron

Y así lo deseaba el cliente

9.3 Pasos a seguir

- Determinar Objetivo General y Objetivos Específicos del Sistema Propuesto
- Identificación de Usuarios (Directos, Indirectos, y Usuarios de los Usuarios)
- Elaboración de Diagramas de Flujo de Datos del Sistema Actual
- Elaboración del Diccionario de Datos del Sistema Actual
- Recopilación de Reportes del Sistema Actual
- Elaboración de Procedimientos Propuestos

9.4 Determinar Objetivo General y Objetivos Específicos del Sistema Propuesto

Se identifica el Objetivo General del Sistema Propuesto. Al desagregar el Objetivo General, se identifican los Objetivos Específicos.

Al usuario no le interesan los Objetivos del Proyecto, sino qué va a hacer el nuevo Sistema.

Los objetivos a determinar son los del Sistema.

¡¡¡No los del proyecto!!! Un sistema no puede tener como Objetivo "Desarrollar un Sistema".

9.5 Identificación de Usuarios (Directos, Indirectos, y Usuarios de los Usuarios)

Tradicionalmente, los usuarios son aquellos que se benefician del Sistema de Información.

El haber hecho un Organigrama de la empresa facilita su identificación.

Se identifican tres (3) tipos de usuarios:

- Usuarios Directos: los que van a operar directamente el Sistema de Información, y van a interactuar con él. Pertenecen a la Unidad Funcional donde se desarrolla el Sistema.
- Usuarios Indirectos: los supervisores de los Usuarios Directos, que a pesar de no estar interactuando directamente con el Sistema, reciben información de él.

⌐ Usuarios de los Usuarios: Entes externos a la Unidad Funcional o a la organización, que proporcionan las entradas al sistema, y/o reciben sus salidas.

Los usuarios directos no pueden estar fuera del DFD que se hace a continuación, ya que son ellos los que están manejando las operaciones, recibiendo los datos de entrada y ofreciendo la información de salida.

9.6 Elaboración de Diagramas de Flujo de Datos del Sistema Actual

El Diagrama de Flujo de Datos (DFD) es una herramienta gráfica, que se emplea para describir y analizar el movimiento de datos a través de un sistema.

Presenta una visión (lo más amplia posible) de las entradas, procesos y salidas del sistema, siendo un modelo lógico de los datos del sistema. Por lo tanto, no muestra control ni movimiento, y prácticamente no requiere explicación.

Permite modelar el sistema con símbolos gráficos

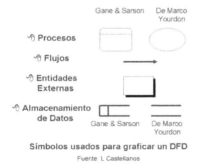

Símbolos usados para graficar un DFD
Fuente: L Castellanos

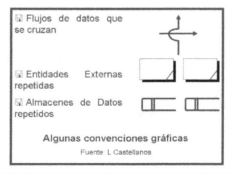

Algunas convenciones gráficas
Fuente: L Castellanos

En ambientes Orientados a Objetos se puede emplear UML (Unified Modelling Language – Lenguaje Unificado de Modelaje).

Algunas recomendaciones:

- Las entidades externas normalmente son las personas o entes que suministran los datos de entrada al Sistema, y/o reciben la información generada por el mismo.
- Las Entidades externas deben ser seres vivos, animados. No puede ser una Entidad "Factura". Si puede ser "Departamento de Ventas", "Gerente" o Banco, p.e.
- Etiquete todos los elementos, y con nombres significativos
- Los flujos no pueden tener bifurcaciones
- No pueden existir nombres repetidos
- Muestre flujos de datos, no de control
- Es preferible repetir elementos, que cruzar líneas de flujo
- Un flujo no puede ir de una Entidad a otra
- Verifique balance, relación padre-hijo, numeración
- Debe caber en una sola página (cada nivel)
- Un proceso no es un departamento o unidad.
- Los procesos deben estar definidos con nombres en infinitivo, en forma verbo-objeto preferiblemente
- Particione procesos (explote burbujas) en 5 ± 2
- Los procesos, en lo posible, deben coincidir con los Procesos Actuales y Propuestos
- Al entrar un flujo en un proceso, se debe transformar y salir otro flujo (no el mismo)
- El DFD Propuesto no puede ser igual al Actual
- No muestre archivos en nivel 0

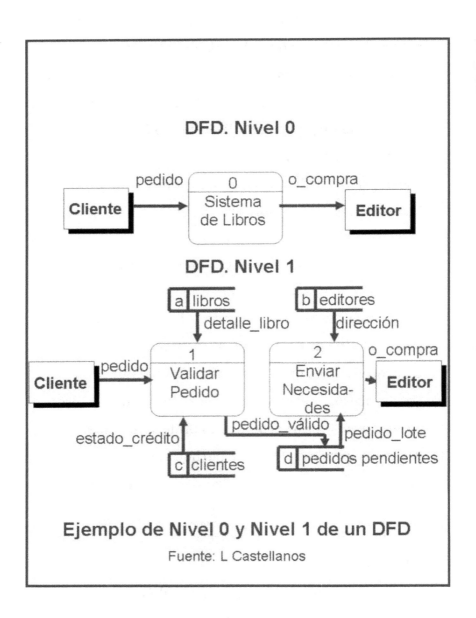

Ejemplo de Nivel 0 y Nivel 1 de un DFD

Fuente: L Castellanos

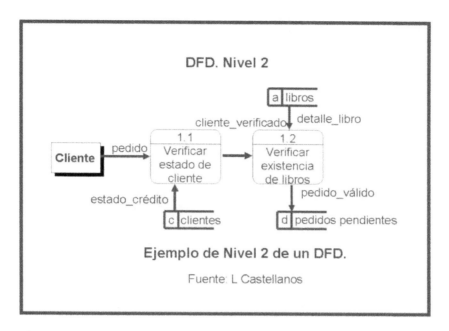

Ejemplo de Nivel 2 de un DFD.

Fuente: L Castellanos

Salidas o productos del DFD

🖰 Definición de Usuarios, al establecer las Entidades Externas

🖰 Recopilación de archivos, que conformarán el DER y el DED, produciendo el diseño lógico y físico de la Base de Datos

🖰 Bosquejo del Menú principal con los procesos del Nivel 1, en la Carta Estructurada

🖰 Determinación de procesos terminales, a los cuales se les aplicará el Diagrama de Acción

¿Para qué sirve un DFD?

Luis Castellanos
(2015)

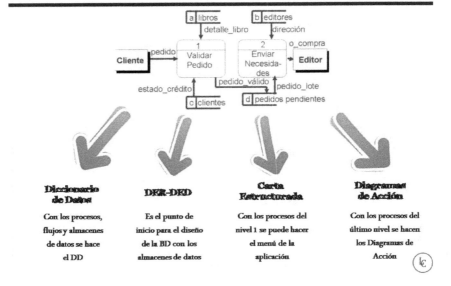

9.7 Elaboración del Diccionario de Datos del Sistema Actual

Se reseñan

- Almacenes de Datos, Repositorios o Archivos
- Flujos de Datos
- Procesos

Normalmente los Flujos y Procesos que se reseñan son del último nivel de resolución. Son los datos de los datos del sistema (metadatos). Es un catálogo de los elementos de un sistema.

Importancia

- Facilita el manejo de detalles en sistemas grandes
- Comunica un significado común a todos los elementos del sistema

🖱 Documenta las características del sistema

🖱 Localiza errores y omisiones

🖱 Facilita el posterior mantenimiento del sistema

Normalmente el DD del Sistema Actual no es tan detallado como el que se hace para el Sistema Propuesto. Al fin y al cabo, la finalidad del DD Actual es comprender el Sistema Actual. Una vez comprendido el Sistema Actual, el DD Actual no tiene utilidad.

Formato del DD Actual:

🖱 Flujos de Datos y Almacenes:

- o = Está compuesto de
- o ( ) Repetición de
- o + Y
- o <>   Uno u otro
- o [ ] Opcional
- o * * Comentario
- o Ejemplo:
  - ▪ **orden_compra** = numero_orden + fecha + cod_editor + (codigo_libro + cantidad + precio) + [descuento] + monto_total + forma_pago *<contado/credito>*

🖱 Procesos:

- o **Validar Pedido:** Recibe pedidos de clientes; verifica límite de crédito y estado de cuenta; almacena el pedido   conformado   en   el   archivo "pedidos_pendientes".

🖰 Ahora bien, el DD del Sistema Propuesto si es útil y se hace de acuerdo a formatos más detallados.

9.8   Recopilación de Reportes del Sistema Actual

Se hace una recopilación de los reportes actuales usados por la organización, a fin de determinar la pertinencia y la necesidad de cada uno de ellos.

Los reportes actuales pueden ser facturas, reportes, formatos. La idea es que nos ayude a comprender mejor el sistema actual, y nos de una idea de cómo son sus salidas. En muchos casos, nos ofrecen un punto de partida para el diseño de los reportes propuestos.

9.9   Elaboración de Procedimientos Propuestos

De acuerdo con la recolección de información y entrevistas con los usuarios, se elaboran, también a grosso modo, los Procedimientos Propuestos para el Sistema.

La idea es que estos procedimientos alimenten el Nivel 1 del DFD propuesto.

9.10 Técnicas de Recolección de Información

9.10.1 Entrevista

Entrevista es un término que está vinculado al verbo **entrevistar** (la acción de desarrollar una charla con una o más personas con el objetivo de hablar sobre ciertos temas y con un **fin determinado**).

Definición de entrevista

Tipos

- Individuales o Grupales
  - ✓ **Individuales**: se lleva a cabo recopilando información con una persona a la vez
  - ✓ **Grupales**: se lleva a cabo recopilando información con todo un grupo de personas de manera simultánea
- Estructuradas o No Estructuradas
  - ✓ **Estructuradas**: cuando se encuentra absolutamente estandarizada; es decir que se compone de preguntas rígidas que se plantean a

todos los interlocutores de forma idéntica y cuya respuesta también se encuentra estructurada.

- ✓ **No Estructuradas**: es una charla de manera informal, donde se busca obtener información. No hay un guión ni preguntas predefinidas.

- ✓ **Mixtas**: no se sirve de un cuestionario fijo, ni plantea unas preguntas prefijadas, sino que sigue una especie de guía de entrevista en las que se detallan, no las preguntas sino las áreas que han de ser exploradas.

✍ **Recomendaciones**

- ✓ Investigar antecedentes de la organización
- ✓ Desarrollar un plan global y objetivos a cumplir
- ✓ Seleccionar a los entrevistados
- ✓ Tener autorización para hablar con los usuarios
- ✓ Planificar entrevistas (tipo y estructura)
- ✓ Usar herramientas automatizadas sin abuso
- ✓ Tratar de juzgar qué información le interesa más al usuario

✍ **Objeciones y Resistencias**

- ✓ Está ocupando mucho de mi tiempo
- ✓ Está amenazando mi empleo
- ✓ No conoce nuestro negocio. ¿Cómo va a decirnos que debemos hacer?

- ✓ Está tratando de cambiar la forma de hacer las cosas aquí
- ✓ No queremos ese sistema

> El **rapport** es cuando dos o más personas sienten que están en "sintonía" psicológica y emocional (simpatía), porque se sienten similares o se relacionan bien entre sí. La teoría del **rapport** incluye tres componentes conductuales: atención mutua, positividad mutua y coordinación. (Wikipedia)

9.10.2 Cuestionario

Es un **conjunto de preguntas** que se confecciona para obtener **información** con algún objetivo en concreto.

Definición de cuestionario

Tipos de Preguntas

🖰 **Preguntas abiertas:** Son preguntas en las que se permite al encuestado responder cualquier cosa según la pregunta.

Con estas preguntas puede obtenerse una mayor riqueza de detalle en las contestaciones, pero tienen el inconveniente de que las respuestas son difíciles de evaluar.

🖰 **Preguntas cerradas:** Son preguntas en las que sólo se permite contestar mediante una serie cerrada de alternativas. Con estas preguntas puede perderse riqueza en la información pero se puede hacer su cuantificación; así es más fácil realizar una tabulación, donde los resultados sean más concretos y más exactos.

🖰 **Preguntas semi-abiertas (o semi-cerradas):** Son preguntas de características intermedias entre los dos tipos anteriores, que intentan no perder nunca mucha riqueza de información a costa de perder algo de facilidad en la tabulación de las respuestas.

🖰 **Preguntas en batería:** Son aquellas que se planifican para realizarlas secuencialmente en función de la respuesta dada a la pregunta de la secuencia anterior. Su objetivo es profundizar en una información siguiendo el hilo de las sucesivas repuestas.

🖰 **Preguntas de evaluación:** Son preguntas dirigidas a obtener del entrevistado información sobre cómo valora una serie de cosas o aspectos. Pueden proporcionar una valoración de carácter numérico o una valoración de carácter cualitativo.

✆ **Preguntas introductoras o motivadoras:** Son las que se realizan al principio de la entrevista y que tienen como objetivo despertar el interés de la persona que se va a entrevistar, intentando motivarle y predisponerle favorablemente para la realización del cuestionario.

9.10.3 Observación

Del latín *observatio*, la **observación** es la **acción y efecto de observar** (examinar con atención, mirar con recato, advertir). Se trata de una actividad realizada por los seres vivos para detectar y asimilar **información**.

Definición de observación

También se dice que es la acción de observar o mirar algo o a alguien con mucha atención y detenimiento para adquirir algún conocimiento sobre su comportamiento o sus características.

Recordar el dicho: "los mirones son de palo"

El observador no debe hacer comentarios sobre las actividades que se realizan. Sólo debe limitarse a tomar notas acerca de dichas actividades.

9.10.4 Algunos consejos para entrevistas

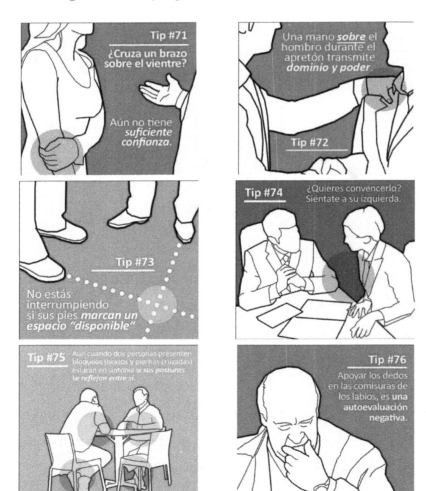

Tip #77

Darle vueltas al anillo **es señal de ansiedad.**

Tip #78

Si asume una postura cómoda, es mucho **más probable que te esté prestando atención**

Tip #79

Abrir tu postura al doble de la anchura de tus hombros mientras bajas un poco el mentón, te ayudará a proyectar humildad durante una presentación.

Tip #80

Rozar la nariz tapando la boca **significa escepticismo.**

*Este gesto dura menos de 1 segundo

Tip #81

Si esconde el pulgar detrás de los dedos al hablar, es porque **está guardándose u ocultando información.**

Tip #82

Si al responder se encoge de un solo hombro, **está "maquillando" la respuesta.**

Tip #83

Tocarse el pecho con la mano derecha es un gesto **fingido** de sentimiento. Cuando es real, lo hacemos **con la izquierda.**

Tip #84

Aprende a expresarte con tu mano izquierda. Es **mucho más poderosa y motivante para quien te ve,** que tu derecha.

10 DISEÑO DE SISTEMAS

10.1 ¿Qué es?

El Diseño del Sistema es la etapa en la cual se presenta el Modelo del Sistema Propuesto.

Es donde se pone de manifiesto la creatividad del Analista, para solucionar el problema planteado en el Estudio de Factibilidad, y cumplir con los Objetivos establecidos en el Análisis del Sistema.

Es en el Diseño donde se establece la estructura del Sistema Propuesto, y se va armando la Documentación Técnica que servirá de base para su construcción y para un posterior mantenimiento.

El Diseño de Sistemas genera soluciones a requerimientos planteados. Describe las especificaciones del Sistema Propuesto y define **CÓMO** lo va a hacer el nuevo Sistema. En conclusión, presenta el Modelo del Sistema Propuesto.

Normalmente se emplean Árboles y Tablas de Decisión para desarrollar la lógica de los procedimientos a ser elaborados.

El resultado más resaltante de esta etapa, es la propuesta del sistema de información que va a resolver el problema inicial planteado.

Normalmente el producto es el diseño del **Front-End** y del **Back-End**.

El **Back-End** es la base de datos, y es el núcleo del sistema. Una buena base de datos le da integridad, consistencia y velocidad de respuesta a la aplicación.

El **Front-End** es la interfaz mediante la cual el usuario se comunicará con la Base de Datos, y viene representado por las pantallas y reportes.

En diseño de software el *front-end* es la parte del software que interactúa con el o los usuarios y el *back-end* es la parte que procesa la entrada desde el *front-end* La separación del sistema en *front-ends* y *back-ends* es un tipo de abstracción que ayuda a mantener las diferentes partes del sistema separadas. La idea general es que el *front-end* sea el responsable de recolectar los datos de entrada del usuario, que pueden ser de muchas y variadas formas, y los transforma ajustándolos a las especificaciones que demanda el *back-end* para poder procesarlos, devolviendo generalmente una respuesta que el *front-end* recibe y expone al usuario de una forma entendible para este La conexión del *front-end* y el *back-end* es un tipo de interfaz

Tomado de Wikipedia

Un buen ejemplo para diferenciar el *Front-End* del *Back-End* en un desarrollo de sistemas, lo constituye el ir a un restaurant.

Al llegar al establecimiento, tomamos contacto con el mesonero, quien será el que nos tome el pedido y se lo comunique a la Cocina.

No nos importa quién es el cocinero, o de qué tamaño es la cocina. No nos enteramos acerca de la limpieza u orden de la cocina. El mesonero es nuestro enlace, y es quien luego de que el pedido sea procesado en la cocina, nos lo trae a la mesa.

De igual manera, cuando el usuario navega a través de las opciones de la aplicación, no tiene idea de cuál es la estructura de la base de datos ni cuál es el Manejador de Base de Datos que se está usando. Realmente no le interesa. Sólo le interesa hacer su solicitud y que ésta sea respondida a la brevedad posible.

10.2 Pasos a seguir

1. Elaboración del Diagrama de Flujo de Datos del Sistema Propuesto

2. Elaboración del Diccionario de Datos del Sistema Propuesto

3. Elaboración del Diagrama Entidad Relación

4. Elaboración del Diagrama Estructurado de Datos

5. Elaboración de la Carta Estructurada (o Mapa de Navegación)

6. Elaboración de los Diagramas de Acción

7. Elaboración del Diseño de Interfases (Pantalla, Impresora, otros)

8. Selección de la plataforma de desarrollo

10.3 Elaboración del Diagrama de Flujo de Datos del Sistema Propuesto

Recordemos el gráfico mostrado en el capítulo anterior:

Normalmente cuando se sigue una Metodología Orientada a Objetos para el Desarrollo del Sistema de Información, se emplea el UML (Unified Modelling Language - Lenguaje Unificado de Modelado) para modelar los procesos respectivos.

Se le atribuye a los "3 amigos": Grady Booch, Jim Rumbough e Ivan Jacobson, bajo el respaldo del Object Management Group (OMG) en 1995.

Salidas o productos del DFD

✍ Definición de Usuarios, al establecer las Entidades Externas

🖱 Recopilación de archivos, que conformarán el DER y el DED, produciendo el diseño lógico y físico de la Base de Datos

🖱 Bosquejo del Menú principal con los procesos del Nivel 1, en la Carta Estructurada

🖱 Determinación de procesos terminales, a los cuales se les aplicará el Diagrama de Acción

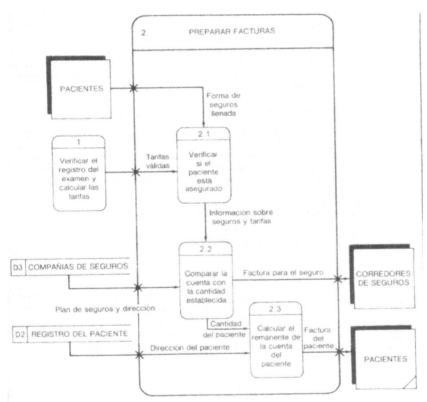

Ejemplo de DFD, elaborado por Kendall & Kendall

10.4 Elaboración del Diccionario de Datos del Sistema Propuesto

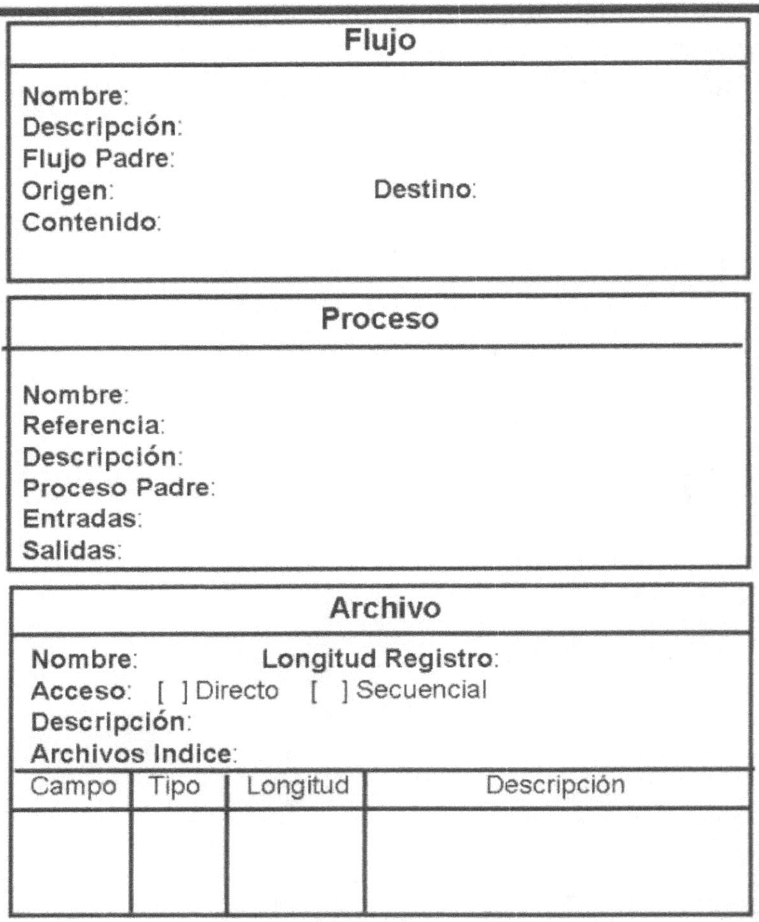

Flujo
Nombre:
Descripción:
Flujo Padre:
Origen: Destino:
Contenido:

Proceso
Nombre:
Referencia:
Descripción:
Proceso Padre:
Entradas:
Salidas:

Archivo

Nombre: Longitud Registro:
Acceso: [ ] Directo   [ ] Secuencial
Descripción:
Archivos Indice:

Campo	Tipo	Longitud	Descripción

Formatos para DD

Fuente: L Castellanos

10.5 Elaboración del Diagrama Entidad Relación

Modela lógicamente las estructuras de datos del sistema relacionado, y describe la distribución de datos almacenados.

Consta de:

🖰 Entidades (algo acerca de lo cual guardamos información). No confundir con las Entidades externas del DFD.

🖰 Relaciones

- ✓ 1:1
- ✓ 1:n
- ✓ m:n

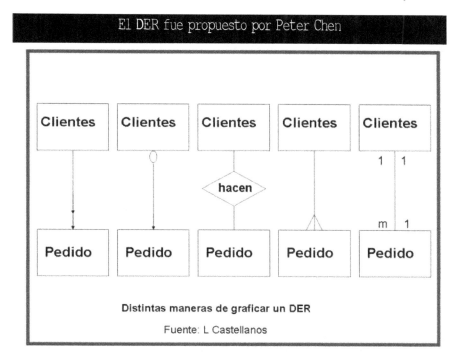

El DER fue propuesto por Peter Chen

Distintas maneras de graficar un DER

Fuente: L Castellanos

10.6 Elaboración del Diagrama Estructurado de Datos

Representa el uso de los datos como Modelo Funcional, y refleja el uso de los datos a través de un Modelaje Físico de la Base de Datos. Se basa en el DER.

Elementos:

🖰 Entidades

🖰 Relaciones

🖰 Campos Claves o Primarios

🖰 Campos

El DED DEBE coincidir con el DER. Es decir, si hay 25 entidades en el DER, deben existir 25 entidades en el DED. Si la entidad A se relaciona con la entidad B en el DER, en el DED también debe existir la misma relación.

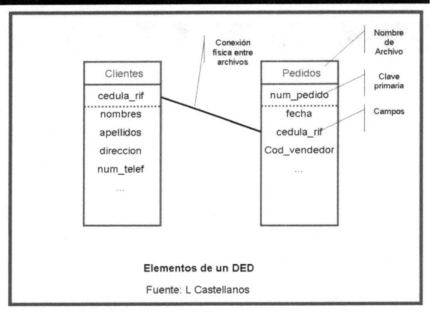

Elementos de un DED

Fuente: L Castellanos

A continuación un ejemplo del empleo de DER y DED.

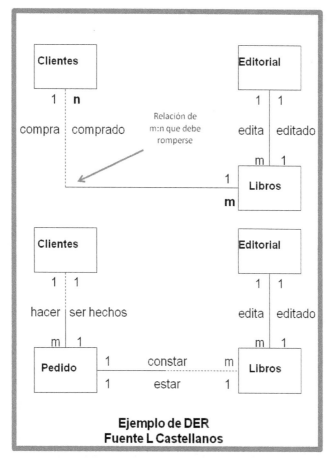

Ejemplo de DER
Fuente L Castellanos

Ejemplo de DED
Fuente L Castellanos

Desarrollo de Sistemas de Información – Luis R Castellanos

10.7 Elaboración de la Carta Estructurada (o Mapa de Navegación)

Sirve para:

- hacer participar al usuario
- diseñar funciones detalladas
- diseñar menús
- planificar el desarrollo de programas
- monitorear el desarrollo

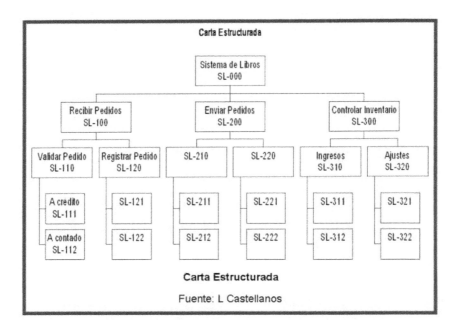

A continuación un ejemplo de una Carta Estructurada aplicada a la aplicación MS Word 2007.

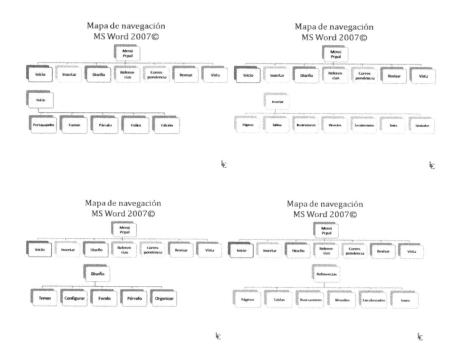

10.8 Elaboración de los Diagramas de Acción

Describen detalladamente los elementos de un programa o módulo. Son la última etapa del diseño y materia prima para el programador.

También se le conoce por: Lenguaje estructurado, pseudo código, algoritmo, etc.

Permiten representar la estructura global de un programa y el detalle de las tareas que realizan los módulos que lo componen

Facilita cambiar las palabras claves por los comandos del lenguaje de programación a usar

Se pueden elaborar aparte del DFD, o como parte del DD en los procesos del último nivel de resolución.

10.9 Elaboración del Diseño de Interfases (Pantalla, Impresora, otros)

Se diseñan las plantillas para las pantallas del sistema y para los reportes impresos (para el programador) y se muestran las pantallas y reportes como se proponen (para aprobación del usuario).

El Diseño de Interfases debe:
- satisfacer objetivos planteados
- adaptarse al usuario
- proveer cantidad adecuada de información
- proporcionar el método apropiado para la salida

La salida debe ser oportuna y disponible para el usuario. Las formas de salidas son:

- Reportes impresos (impresoras). Deben contener: Membrete o Logo, Fecha de emisión, Hora de emisión, Número de Página y Número de Páginas total, código del reporte, usuario que genera el reporte.
- Reportes por pantalla

🖑 Reportes en archivos

🖑 Reportes en discos

10.10 Selección de la plataforma de desarrollo

Se selecciona la plataforma de desarrollo más adecuada para el sistema propuesto.

La Plataforma incluye el Hardware, el Sistema Operativo, Lenguaje de Programación y Manejador de Base de Datos.

El Diseño del Sistema se hace independientemente de la Plataforma, para ser aplicado en cualquiera que sea la que se seleccione. No se debe hacer un diseño basado en una plataforma, sino de manera genérica

10.11 Complementos

Revisar Apéndice 2: "Árboles y Tablas de Decisión"

Revisar Apéndice 3: "Enfoques de Base de Datos"

11 Programación

11.1 Pasos a seguir

1. Generación del Código Fuente y Objeto
2. Creación de la Base de Datos de acuerdo al Manejador seleccionado

11.2 Generación del Código Fuente y Objeto

 Consiste en traducir el Diseño en instrucciones que la computadora pueda interpretar. Es la generación del Código Fuente y Código Objeto de la aplicación, de acuerdo a los D.A. y otros resultados del Diseño.

Tipos de Programación

- No Estructurada
- Estructurada
- Modular
- Orientada a Objetos

Estructuras de Programación

- Secuenciales
- De Decisión o Selección
- Iterativas

Actividades a cumplir

- Codificación (transformar D.A. en líneas de código del Lenguaje seleccionado)
- Compilación (corregir errores de sintaxis)
- Link (obtener código ejecutable) (En algunos Lenguajes se hace la compilación y link del programa casi simultáneamente)
- Depuración (corregir errores de los programas)

Generaciones de Lenguajes de Programación

- 1ra Generación: Lenguaje de Máquina
- 2da Generación: Lenguajes Ensambladores
- 3ra Generación: Lenguajes Utilitarios (Cobol, Fortran, PL1, Pascal, Basic, RPG, C, etc.)
- 4ta Generación: 4GL's (Lenguajes Visuales)
- 5ta Generación: Lenguajes para Inteligencia Artificial (Prolog)

11.3 Creación de la Base de Datos de acuerdo al Manejador seleccionado

Consiste en crear la Base de Datos, y las tablas o archivos correspondientes, con sus campos, atributos y relaciones.

11.4 Complementos

Revisar:

http://dtyoc.com/2013/12/02/ano-01-numero-03-haga-

click-en-la-portada/

Revisar:

http://dtyoc.com/2013/11/01/ano-01-numero-02-haga-

click-en-la-portada/

12 IMPLANTACIÓN

Incluye todas las actividades para poner un sistema en producción (entregar al usuario).

12.1 Pasos a seguir

1. Prueba
2. Conversión o Migración de Datos
3. Instalación de Hardware y Software
4. Adiestramiento
5. Documentación
6. Entrega al Usuario

12.2 Prueba

Es ejecutar un sistema para encontrar problemas y errores.

Se complementa con:

- Verificación (operación en ambiente simulado. Versión Alfa)
- Validación (operación en ambiente no simulado en usuarios seleccionados. Versión Beta)
- Certificación (programa "libre" de errores)

Métodos de Prueba

- Ascendente (Bottom Up)
- Descendente (Top Down)
- Total (Big Bang)

Estrategias de Prueba

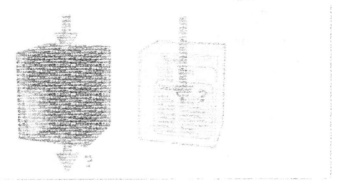

- Caja Negra (probar especificaciones sin prestar atención al código)
- Caja de Cristal (probar código sin prestar atención a las especificaciones)

Clases o Tipos de Prueba

- Pruebas Estándares
  - o Unitaria (de programa o módulo)
  - o Integración (intercambios de información entre módulos)
  - o Funcional (sistemas vs. especificaciones)
  - o Aceptación (sistema cumple requerimientos de usuarios)
  - o Instalación
  - o Pruebas Especiales
- Carga máxima (volumen máximo de actividades)
  - o Almacenamiento (capacidad para almacenar datos)

- Tiempo de ejecución (tiempo de respuesta en operaciones)
- Recuperación (capacidad para recuperar datos y/o manejo de fallas)
- Procedimientos (claridad de la documentación)
- Factores Humanos (reacciones de los usuarios ante operaciones y/o fallas)

Construcción de Modelos de Prueba

- Datos de Prueba (Librería de Prueba)
- Datos Reales

12.3 Conversión o Migración de Datos

Es la transformación de estructuras de datos y modos de almacenamiento actuales en las estructuras propuestas. Es la traducción de archivos actuales al formato requerido por el nuevo sistema. Por ejemplo: De Libros a Disco o de Cobol a SQL.

Enfoques

- Paralela
- Directa
- Piloto
- Por fases

Evaluación

Se debe elaborar plan de contingencia y se debe evaluar la conversión. Se recomienda usar al menos dos de las siguientes técnicas:

- Cuenta de Registros
- Totales Financieros Establecidos
- Cifras de Control (no financieras)

12.4 Instalación de Hardware y Software

- Determinar los requerimientos del sitio y controlar su preparación, antes de entregar el sistema o de ponerlo en producción.
  - ✓ Instalaciones físicas
  - ✓ Instalaciones eléctricas
  - ✓ Piso Falso, Cielo Raso y Aire Acondicionado
  - ✓ Seguridad
- Instalar y Probar el Hardware
- Instalar y Probar el Software
- Determinar Requerimientos especiales

  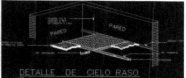

Cielos Rasos

Pisos falsos

Sala de
Servidores

Extintores
para equipos
electrónicos

Clases de Fuegos

Se catalogan los tipos de fuegos según los materiales que intervengan en la combustión, asignándoles letras a diferentes grupos para establecer qué agentes extintores serán los indicados para combatirlo.

Estas categorías estarán destacadas en los extintores, los que deberán cubrir la cantidad y la calidad de los materiales que puedan formar parte del siniestro.

Clase "A": Son los fuegos que involucran a los materiales orgánicos sólidos, en los que pueden formarse, brasas, por ejemplo, la madera, el papel, cartón, pajas, carbones, textiles, etc. Se ha normalizado como simbología a utilizar un triángulo de fondo color verde en cuyo interior se coloca la letra A.

Clase "B": Son los fuegos que involucran a líquidos inflamables y sólidos fácilmente fundibles por acción del calor (sólidos licuables). Dentro de este rubro podemos encontrar a todos los hidrocarburos, alcoholes, parafina, cera, etc. Se ha normalizado como simbología a utilizar un cuadrado de color rojo en cuyo interior se coloca la letra B.

Clase "C": Son los fuegos que involucran a los equipos eléctricos energizados, tales como los electrodomésticos, los interruptores, cajas de fusibles y las herramientas eléctricas, etc. Se simboliza con un círculo de fondo color azul en cuyo interior se coloca la letra C.

Clase "D": Son fuegos deflagrantes, en metales alcalinos y alcalinos térreos, como así también polvos metálicos: combustionan violentamente y generalmente con llama muy intensa, emiten una fuerte radiación calórica y desarrollan muy altas temperaturas. Sobre este tipo de fuegos NO se debe utilizar agua, ya que esta reaccionaría violentamente. Se hallan dentro de este tipo de fuegos el magnesio, el sodio, el potasio, el titanio, el circonio, polvo de aluminio, etc. Se simboliza con una estrella de cinco puntas de fondo color amarillo en cuyo interior se coloca la letra D.

Clase "K": A raíz de haberse observado una gran dificultad en la extinción de incendios en freidoras industriales, se hizo esta clasificación particular para este tipo de fuegos. Se lo denomina Fuego K (por la inicial del vocablo inglés Kitchen que significa cocina).

http://luiscastellanosorg/gerencia/clases-de-fuego-y-de-extintores/

12.5 Adiestramiento

El Adiestramiento está dirigido a todos los tipos de usuarios: Técnicos y Operativos. Consiste en capacitar al personal que va a operar y mantener los sistemas propuestos.

Personal a ser adiestrado

- Usuarios
- Operadores de Sistemas

Métodos a emplearse

- Seminarios
- Simulación
- Personal
- Directo
- Procedimental

12.6 Documentación

Incluye una descripción completa del sistema para la operación y mantenimiento.

Principales Manuales

- Información General

  o dirigido a Gerentes y Directivos

- de Aplicación

  o **Contenido sugerido:**

    - Objetivos(s) de la aplicación

    - Descripción General

    - Descripción de Procedimientos

    - Componentes (librerías, código fuente, etc.)

- de Usuario

  o dirigido a Usuarios Directos, para el correcto uso del sistema

  o **Contenido sugerido:**

    - Objetivo(s) del sistema

    - Arquitectura Funcional, Física, y de Datos

    - Interfases

    - Consideraciones de Diseño

    - Calendario de Operaciones

    - Aplicaciones

- Objetivos
- Instrucciones de operación
- Salidas
- Errores más comunes

- de Operaciones
  - dirigido a personal técnico de Sistemas, a fin de facilitar el posterior mantenimiento
  - debe contener al menos DFD's, DD, DER, DED, y en general, la documentación técnica generada durante el desarrollo de la aplicación
  - El contenido es parecido al del Manual de Usuario, pero con énfasis en los procedimientos técnicos de operación del sistema en la sección de "Aplicaciones"
- del Administrador del Sistema
  - dirigido a personal de administración de sistemas
  - debe contener al menos esquema de Base de Datos y cronogramas para respaldos y recuperación, indexamiento de base de datos, pasos para creación de usuarios, entre otros.
  - **Contenido sugerido:**
    - Actualización de tablas y parámetros del sistema
    - Proceso para efectuar respaldos y recuperación (backup/restore)

- Proceso para creación de archivos históricos
- Proceso para efectuar mantenimiento a las aplicaciones y datos (reindexar, etc.)
- Otros de interés para el Administrador del Sistema

Realmente hoy en día cada día menos personas le prestan atención a un aspecto tan importante como lo es la documentación. Lo mínimo que debe llevar un Sistema a ser entregado, debe ser un **Manual de Usuario.**

Maneras de presentar la Documentación

Hoy en día, existe una gran variedad de maneras de presentar la documentación de DEBE acompañar a todo sistema de información, y que DEBE ser entregado al usuario en el momento de entregarle el sistema, o de poner en producción el sistema.

- Documentación en físico: en forma de libros, folletos, manuales, impresos en papel.
- Documentación en digital:
  - ✓ entregada en un medio de almacenamiento, ya sea Disco o Pen Drive
  - ✓ incorporado en la aplicación, normalmente invocado a través de la tecla "F1", o a través de íconos resaltantes

✓ en un repositorio o página web a disposición de los usuarios, ya sea en formato pdf o html.

12.7 Entrega al Usuario

Es entregar el Sistema al Usuario para su funcionamiento. También se llama "puesta en producción".

13 ¿Y DESPUÉS QUÉ?

Normalmente, el ciclo de Desarrollo de Sistemas se cierra con la puesta en producción del Sistema, o entrega al usuario.

Sin embargo, hay un par de actividades que se llevan a cabo, adicionalmente a las etapas del desarrollo, para la revisión y optimización de las aplicaciones, como lo son el Mantenimiento de Sistemas y la Auditoría de Sistemas.

13.1 Mantenimiento

Se entiende por Mantenimiento de Sistemas, el modificar, corregir o mejorar los sistemas existentes.

Una de las metáforas gráficas que ayudan a ver la necesidad de un buen mantenimiento, para cualquier aplicación, artefacto, y hasta para el ser humano lo representa la Curva de la Bañera.

Curva de la Bañera

La **curva de la bañera** es un gráfica que representa los fallos durante el período de vida útil de un sistema o máquina. Se llama así porque tiene la forma una bañera cortada a lo largo. En ella se pueden apreciar tres etapas:

- ⌀ Fallos iniciales: esta etapa se caracteriza por tener una elevada tasa de fallos que desciende rápidamente con el tiempo. Estos fallos pueden deberse a diferentes razones como equipos defectuosos, instalaciones incorrectas, errores de diseño del equipo, desconocimiento del equipo por parte de los operarios o desconocimiento del procedimiento adecuado.

🔸 Fallos normales: etapa con una tasa de errores menor y constante. Los fallos no se producen debido a causas inherentes al equipo, sino por causas aleatorias externas. Estas causas pueden ser accidentes fortuitos, mala operación, condiciones inadecuadas u otros.

🔸 Fallos de desgaste: etapa caracterizada por una tasa de errores rápidamente creciente. Los fallos se producen por desgaste natural del equipo debido al transcurso del tiempo. (Wikipedia)

Curva de la Bañera

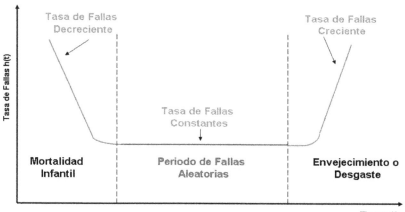

Solo el 4% de los equipos instalados presentan este patrón de Fallas

Tipos de Mantenimiento

- Correctivo (elimina errores)
- Perfectivo (añade nuevas funciones)
- Adaptativo (modifica funciones)
- Preventivo (previene errores)

Y2K: ejemplo de mantenimiento preventivo

Formas de solicitar o planificar el Mantenimiento

- Ordenes de Trabajo
- Proyectos
- Versiones Planificadas

Importancia del Mantenimiento

- Si no hay apoyo continuo, el sistema puede dejar de funcionar
- Si no se incorporan los cambios necesarios, el sistema puede dejar de ser útil
- Un soporte continuo permite a los usuarios el uso adecuado del sistema
- Permite realizar ajustes necesarios para que aún cuando el ambiente cambie, se pueda hacer uso eficiente de los recursos del sistema

Dificultades encontradas

- Documentación inadecuada, obsoleta o inexistente
- Componentes complejos
- Componentes mal estructurados
- Inexperiencia del personal
- Poca familiaridad de las aplicaciones
- Presión de tiempo
- Falta de comunicación y participación de los usuarios
- Gran cantidad de requerimientos
- Gran cantidad de parches

13.2 Auditoría de Sistemas

Clasificación de la Auditoría por funciones

- ⚙ **Financiera** (evalúa información financiera y/o económica)
- ⚙ **Organizativa** (evalúa procedimientos y funciones)
- ⚙ **de Gestión** (evalúa el proceso de toma de decisiones)
- ⚙ **de Recursos Humanos** (evalúa cantidad y calidad de personal, y en general las políticas de RRHH)
- ⚙ **de Gestión de Calidad** (evalúa el Sistema de Gestión de la Calidad)
- ⚙ **de Sistemas** (evalúa sistemas de información y su entorno)

Clasificación de la Auditoría por naturaleza del equipo

- ⚙ interna
- ⚙ externa

Auditoría de Sistemas

Detecta fraudes, errores o atentados en los sistemas, a través de controles oportunos.

Clasificación de la Auditoría de Sistemas de acuerdo al enfoque

- ⚙ durante el desarrollo de los S.I.
- ⚙ después de la implantación

Clasificación de acuerdo al alcance

- en torno al computador
- en el computador

Herramientas y Técnicas que emplea

- observación
- cuestionarios
- entrevistas
- pistas de auditoría
- programas de prueba
- librerías de prueba

Delitos Informáticos

- **Riesgo**: situación que puede propiciar la comisión de un delito

  - ✓ avaricia
  - ✓ problemas financieros (deudas de juego, enfermedades
  - ✓ familiares, educación de los hijos, vivir por encima de los
  - ✓ propios medios, etc.)
  - ✓ autogratificación del ego (por el reto de hacerlo)
  - ✓ caridad o síndrome de Robin Hood
  - ✓ omisiones o errores en los sistemas
  - ✓ mentalidad turbada

- ✓ venganza por insatisfacción personal (sub-empleo,ascensos negados, envidia, falta de reconocimiento)
- 🖱 **Fraude**: es el delito cometido, intencional y premeditadamente
    - ✓ falsificación de datos de entrada (phishing)
    - ✓ caballo de Troya
    - ✓ bomba de tiempo
    - ✓ salami
    - ✓ super-zapping
    - ✓ puerta trasera
    - ✓ intercepción electrónica en la comunicación
    - ✓ rastreo
    - ✓ filtración de la información
    - ✓ simulación y modelaje

Factores que han permitido el incremento de delitos por computador

- 🖱 aumento de personas estudiando computación
- 🖱 aumento en número de empleados con acceso a equipos
- 🖱 facilidad en el uso de los equipos
- 🖱 incremento en la concentración del número de aplicaciones y de la
- 🖱 información en las empresas y organizaciones

Perfil de las personas que cometen delitos por computador

Altos ejecutivos	9 %
Personal de Informática	19 %
Personal de Contabilidad	13 %
Personal de Tesorería	7 %
Personal de Almacén	13 %
Combinaciones	39 %

14 APÉNDICE 1. CÓMO HACER UN PERT-CPM

14.1 ¿Cómo hacer un Diagrama PERT-CPM[15]?

(Ejemplo con las actividades llevadas a cabo en la mañana, antes de salir de la casa).

1. Liste todas las actividades que va a llevar a cabo o a ejecutar, e identifíquelas con una etiqueta (preferiblemente una letra).

Etiqueta	Actividad	Duración	Precedencia
A	Despertarse		
B	Tender cama		
C	Cepillar dientes		
D	Afeitarme		
E	Bañarme		
F	Escoger ropa		
G	Vestirme		
H	Preparar desayuno		
I	Desayunar		
J	Ver noticias		
K	Salir		
L	Prender PC		
M	Revisar correo-e		
N	Apagar PC		

2. Asigne la duración de cada actividad (en unidades de tiempo)

---

[15] PERT-CPM: *Program Evaluation and Review Technique – Critical Path Method* (Técnica de Evaluación y Revisión de Programas – Método de Ruta Crítica)

Etiqueta	Actividad	Duración	Precedencia
A	Despertarse	7	
B	Tender cama	2	
C	Cepillar dientes	2	
D	Afeitarme	5	
E	Bañarme	10	
F	Escoger ropa	5	
G	Vestirme	15	
H	Preparar desayuno	5	
I	Desayunar	10	
J	Ver noticias	60	
K	Salir	5	
L	Prender PC	1	
M	Revisar correo-e	30	
N	Apagar PC	1	

3. Determine la precedencia o prelación de las actividades (se deben cumplir una vez finalizada una o más actividades o se pueden hacer simultáneamente)

Etiqueta	Actividad	Duración	Precedencia
A	Despertarse	7	-
B	Tender cama	2	E
C	Cepillar dientes	2	A
D	Afeitarme	5	C
E	Bañarme	10	D
F	Escoger ropa	5	M
G	Vestirme	15	F
H	Preparar desayuno	5	F
I	Desayunar	10	G, H
J	Ver noticias	60	A
K	Salir	5	I, N, J
L	Prender PC	1	D
M	Revisar correo-e	30	L, B
N	Apagar PC	1	M

4. Proceda a graficar el Diagrama PERT. Normalmente se comienza de izquierda a derecha. Se emplean nodos para

denotar inicio y fin de las actividades, líneas rectas horizontales (preferiblemente) para representar las actividades e identificadas con la etiqueta en la parte superior y la duración en la parte inferior. Las actividades ficticias se dibujan con líneas discontinuas.

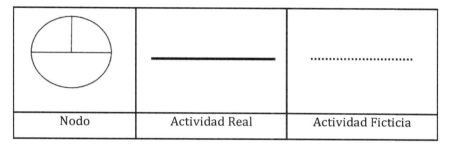

| Nodo | Actividad Real | Actividad Ficticia |

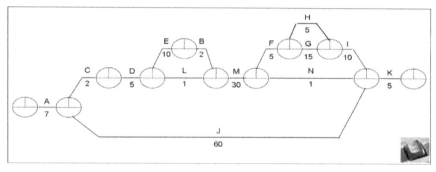

5. Una vez que está graficado el PERT, se calculan los tiempos de ejecución de las actividades. Se comienza desde la izquierda, colocando el valor 0 en el cuadro izquierdo del primer nodo, y se va sumando el tiempo de duración de cada actividad para ir acumulando el tiempo. Cuando existan dos o más acumulados se toma el acumulado de mayor duración.

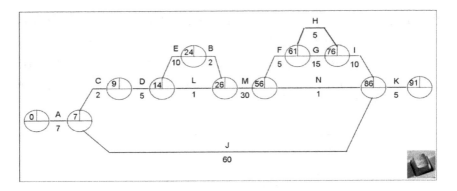

6. Al terminar de calcular los tiempos de ejecución, se procede a calcular los tiempos de holgura, de derecha a izquierda. Se coloca en el cuadro derecho del último nodo el tiempo total del proyecto, y se va restando el tiempo de duración de cada actividad, para ir disminuyendo el tiempo. Cuando existan dos o más acumulados se toma el acumulado de menor duración.

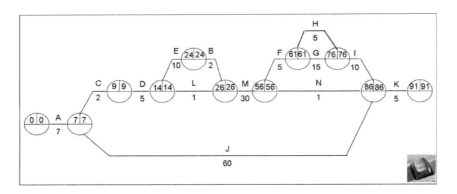

7. Se calcula la ruta crítica, que pasa por los nodos donde el acumulado del cuadro de la izquierda es igual al acumulado del cuadro de la derecha. Normalmente se denota con un trazo más grueso o con otro color.

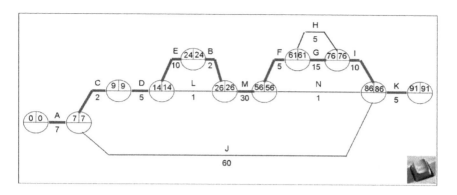

8. Glosario de Términos[16].

- Nodo: puntos de unión de las ramas, que representa el momento en que comienza o termina una actividad.
- Ramas (o arcos): líneas que unen los nodos. Representan las actividades.
- Red: gráfica con un flujo en sus ramas
- Actividades Ficticias: sólo muestran relaciones de precedencia
- Holgura: diferencia entre el tiempo más lejano y el tiempo más cercano
- Ruta Crítica: ruta cuyas holguras son cero.

---

[16] Tomado del texto de HILLIER & LIEBERMAN: "Investigación de Operaciones". Ed McGraw Hill.

14.2 Ejercicios propuestos de PERT-CPM

1. Dadas las siguientes actividades, dibuje el gráfico PERT.

    a. Caso 1.

Actividad	Precedencia
A	-
B	A
C	B
D	B
E	B
F	D, E
G	C

    b. Caso 2.

Actividad	Precedencia
A	-
B	A
C	B
D	E, C
E	B
F	D

    c. Caso 3.

Actividad	Precedencia
A	-
B	A
C	A
D	A
E	B, C
F	C
G	E, F
H	D, G

d. Caso 4.

Actividad	Precedencia
A	-
B, C	A
D	B
E	D
F	C
G	C
H	E, F, G

2. Dados los siguientes gráficos PERT, calcule los tiempos de ejecución y calcule el CPM.

a. Caso 1.

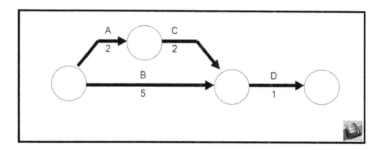

b. Caso 2.

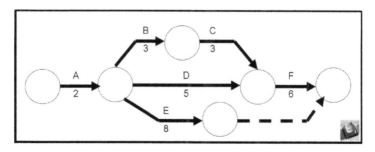

3. Dadas las siguientes actividades y tiempos, haga el gráfico PERT-CPM correspondiente.

   a. Caso 1

Actividad	Precedencia	Tiempo
A	-	3
B	-	5
C	A	5
D	-	7
E	B, C	3
F	D, E	3
G	D, E	5
H	G	4
I	F, H	4

   b. Caso 2

Actividad	Precedencia	Tiempo
A	-	1
B	A	6
C	B	1
D	C, E	2
E	A	1
F	D	10
G	F	4
H	G	9
I	F	5
J	I	3
K	J	5
L	K	7
M	J	3
N	M	2
O	H	1
P	L, N, O	4

15 APÉNDICE 2: ÁRBOLES Y TABLAS DE DECISIONES

A continuación se presenta una recopilación de conceptos y teorías acerca de Árboles de Decisión y Tablas de Decisión.

Los árboles de decisión son diagramas que pretenden mostrar la gama de posibles resultados y las decisiones posteriores realizadas después de la decisión inicial.

Una tabla de decisión es una herramienta que sirve para representar de manera más fácil la lógica de un problema cuando está es más o menos complicada. Para ello se trata de identificar en el problema las acciones que hay que ejecutar y las condiciones que se tienen que cumplir para ejecutar esas acciones. Las acciones normalmente se identifican a través de los verbos, y las condiciones van a ser las condicionales.

15.1 Árboles de Decisión

Los árboles de decisión son diagramas que pretenden mostrar la gama de posibles resultados y las decisiones posteriores realizadas después de la decisión inicial.

Un árbol de decisión tiene unas entradas las cuales pueden ser un objeto o una situación descrita por medio de un conjunto de atributos y a partir de esto devuelve una respuesta la cual en últimas es una decisión que es tomada a partir de las entradas. Los valores que pueden tomar las entradas y las salidas pueden ser valores discretos o

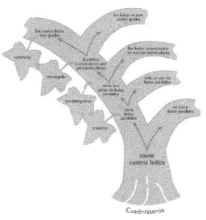

Cuadriláteros

continuos. Se utilizan más los valores discretos por simplicidad, cuando se utilizan valores discretos en las funciones de una aplicación se denomina clasificación y cuando se utilizan los continuos se denomina regresión.

Un árbol de decisión lleva a cabo una evaluación a medida que este se recorre hacia las hojas para alcanzar así una decisión. El árbol de decisión suele contener nodos internos, nodos de probabilidad, nodos hojas y arcos. Un nodo interno contiene un test sobre algún valor de una de las propiedades. Un nodo de probabilidad indica que debe ocurrir un evento aleatorio de acuerdo a la naturaleza del problema, este tipo de nodos es redondo, los demás son cuadrados. Un nodo hoja representa el valor que devolverá el árbol de decisión y finalmente las ramas brindan los posibles caminos que se tienen de acuerdo a la decisión tomada.

En el ámbito de la inteligencia artificial, se puede decir que el Árbol de Decisión viene dada por una base de datos, sobre la cual se construyen diagramas de construcciones lógicas, muy similares a los sistemas de predicción basados en reglas, que sirven para representar y categorizar una serie de condiciones que ocurren de forma sucesiva, para la resolución de un problema.

En el diseño de aplicaciones informáticas, un árbol de decisión indica las acciones a realizar en función del valor de una o varias variables. Es una representación en forma de árbol cuyas ramas se bifurcan en función de los valores tomados por las variables y que terminan en una acción concreta. Se suele utilizar cuando el número de condiciones no es muy grande (en tal caso, es mejor utilizar una tabla de decisión).

De forma más concreta, refiriéndonos al ámbito empresarial, podemos decir que los árboles de decisión son diagramas de decisiones secuenciales nos muestran sus posibles resultados. Éstos ayudan a las empresas a determinar cuáles son sus opciones al mostrarles las distintas decisiones y sus resultados. La opción que evita una pérdida o produce un beneficio extra tiene un valor. La habilidad de crear un opción, por lo tanto, tiene un valor que puede ser comprado o vendido.

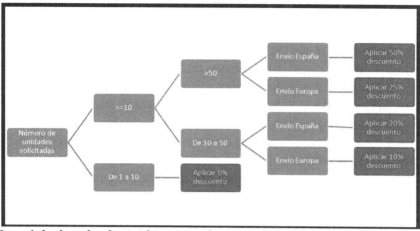

Los árboles de decisión son relativamente fáciles de entender cuando hay pocas decisiones y resultados incluidos en el árbol. Los árboles grandes, que incluyen docenas de nodos de decisión (puntos donde las decisiones son hechas nuevas) pueden ser complicados y tener un valor limitado. Cuanto más decisiones haya en un árbol, es probable que sean menos precisos cualquier resultado esperado. Por ejemplo, si haces un mapeo del árbol para la decisión de ir a la universidad, probablemente no podrás predecir con precisión las posibilidades de generar más de 100.000 dólares en diez años, pero podrías ser capaz de estimar con precisión tu poder de ganancia después de salir de la universidad.

Ventajas

Uno de los aspectos más útiles de los árboles de decisión es que te obligan a considerar tantos resultados posibles de una decisión como te puedas imaginar. Puede ser 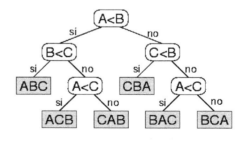 peligroso tomar tus decisiones súbitas-del-momento sin tener en cuenta la gama de consecuencias. Un árbol de decisión puede ayudar a sopesar las posibles consecuencias de una decisión en contra de otro. En algunos casos, incluso puede ayudarte a calcular pagos esperados de las decisiones. Por ejemplo, si creas estimaciones en dólares de valor de todos los resultados y las probabilidades asociadas con cada resultado, puedes utilizar estos números para calcular que la decisión inicial dará lugar a la mayor rentabilidad financiera media. Los árboles de decisiones proporcionarán un marco para considerar la probabilidad y los pagos de las decisiones, lo que puede ayudar a analizar una decisión de tomar la más informada posible.

- Plantean el problema para que todas las opciones sean analizadas.
- Permiten analizar totalmente las posibles consecuencias de tomar una decisión.
- Proveen un esquema para cuantificar el costo de un resultado y la probabilidad de que suceda.
- Ayuda a realizar las mejores decisiones sobre la base de la información existente y de las mejores suposiciones.

Desventajas

Un inconveniente de la utilización de árboles de decisión es que los resultados, las decisiones y los pagos posteriores se basarán fundamentalmente en las expectativas. Cuando las decisiones se hacen reales, los beneficios y las decisiones resultantes podrían no ser las mismas que las que has planeado. Podría ser imposible planificar para todas las contingencias que pueden surgir como consecuencia de una decisión. Esto puede conducir a un árbol de decisión no realista que podría orientarte hacia una mala decisión. Además, los eventos inesperados pueden alterar las decisiones y cambiar los pagos en un árbol de decisión. Por ejemplo, si esperas que tus padres paguen la mitad de tu colegio cuando decidas ir a la escuela, pero más tarde descubres que tendrás que pagar por la totalidad de tu matrícula, los pagos esperados serán dramáticamente diferentes de la realidad.

- Los resultados, las decisiones y los pagos posteriores se basarán fundamentalmente en las expectativas.

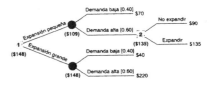

- Sólo es recomendable para cuando el número de acciones es pequeño y no son posibles todas las combinaciones.
- Las reglas de asignación son bastante sencillas a pequeñas perturbaciones en los datos.
- Dificultad para elegir un árbol óptimo.
- Ausencia de una función global de las variables y por lo tanto pérdida de la representación.
- Los árboles de decisión requieren un gran número de datos de los que muchas veces no disponemos.

Tipos de Árboles de Decisiones
- Árbol de clasificación
  - Usa un árbol de clasificación cuando existan diferentes partes de información que hayas calculado para determinar el resultado más predecible. Con el árbol de decisión por clasificación debes usar un proceso binario de categorías y subcategorías para esquematizar las diferentes variables que rodean a un resultado. Este tipo de árbol puede emplearse en probabilidad y estadística.
- Árbol de regresión
  - Este tipo de árbol de decisión se usa cuando tienes diferentes partes de información para determinar un único resultado predeterminado. Durante el proceso de construir este árbol debes dividir las diferentes partes de

información en secciones y luego subdividir en varios subgrupos. Este tipo de árbol es usado principalmente en cálculos de bienes raíces.

- Árbol de mejora
  - o Este tipo de árbol de decisión se usa cuando quieres incrementar la precisión del proceso de toma de decisiones. Para esto debes tomar una sola variable y luego calcularla y estructurarla de manera que la cantidad de errores se minimicen tanto como sea posible. Esto crea información más precisa, debido a que habrás eliminado los errores tanto como se pueda. Este tipo de árbol se usa principalmente en contabilidad y matemáticas.
- Bosques de árboles de decisión
  - o Estos se generan cuando creas diferentes árboles de decisión y luego los agrupas entre sí para hacer una determinación precisa de lo que 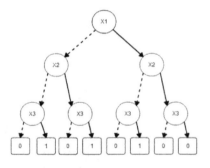 pasará con un resultado en particular. A menudo los bosques de árboles de decisión se usarán para evaluar el resultado global de un evento en particular con base a la dirección que estén tomando los diferentes árboles de decisión.

- Árbol de clasificación y regresión

- o Este tipo de árbol de decisión es usado para predecir el resultado de un evento usando factores dependientes para hacer la asunción más lógica. Para lograrlo puedes usar indicadores atrasados (lo que ha pasado) e indicadores en tiempo real o categorías claras y específicas para examinar el resultado esperado. Esto se usa principalmente en ciencia.
- Agrupamiento de las K medias
  - o Éste es considerado como el menos preciso de los árboles de decisión. Cuando usas este árbol de decisión debes combinar todos los factores diferentes que has identificado previamente en los que se presume que todos los grupos son iguales. Esta asunción puede ocasionar que algunos de los resultados esperados sean ampliamente diferentes. Este árbol se usa principalmente en el estudio de la genética.

Ejemplo

Una compañía de seguros nos ofrece una indemnización por accidente de 210.000$.

Si no aceptamos la oferta y decidimos ir a juicio podemos obtener 185.000$, 415.000$ o 580.000$ dependiendo de las alegaciones que el juez considere aceptables. Si perdemos el juicio, debemos pagar los costos que ascienden a 30.000$. Sabiendo que el 70% de los juicios se gana, y de éstos, en el 50% se obtiene la menor indemnización, en el 30% la intermedia y en el 20% la más alta, determinar la decisión más acertada.

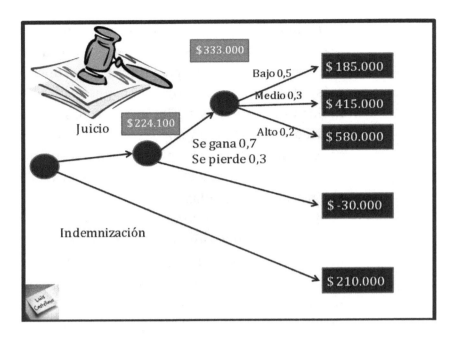

Ejercicios

1. Cierta empresa tiene la siguiente política de descuento a sus clientes: si la compra del cliente es de Bs 100.000 o superior, se le efectúa un 5% de descuento; si la compra es inferior a Bs 100.000, pero mayor o igual a Bs 50.000 se hace un descuento de un 2%. Si la compra es inferior a Bs 50.000 no se hace descuento. Ahora bien, los descuentos se efectúan siempre y cuando el cliente cancele dentro de los siguientes 15 días.

2. Una empresa comercializadora tiene la siguiente política de descuentos según el tipo de pago: si el comprador no es cliente habitual, puede pagar con tarjeta de crédito o cheque al día. Si paga con cheque al día accede a un 5,2% de descuento. Si el comprador es cliente habitual, puede cancelar con cheque al día, a 30 ó a 45 días. Si paga con cheque al

día, tiene un 14,7% de descuento, y si cancela con cheque a 45 días, un 6,5% de descuento.

3. Una entidad financiera ofrece dos tipos de crédito: el "A" y el "B".

    - El crédito "A" se tramita de la siguiente forma: si la persona que lo solicita no es cliente de la entidad, debe presentar sus antecedentes personales. Además, si es empleado debe presentar sus cuatro últimas liquidaciones de sueldo, y si no es empleado, es decir, es independiente, su última declaración de impuestos. Si la persona que solicita el crédito es cliente de la entidad, se chequea si tiene un cierto promedio mensual. Si lo tiene, sólo llena una solicitud simple. Si no alcanza el promedio, si es empleado debe presentar sus cuatro últimas liquidaciones y si es independiente su última declaración de impuestos.

    - El crédito "B" se tramita de la siguiente forma: sólo pueden acceder a él los clientes de la entidad. Si es cliente antiguo, sólo llena una solicitud simple. Si no tiene la suficiente antigüedad, se chequea su promedio. Si tiene el promedio, se tramita su crédito. Si no, debe presentar algún documento que acredite la propiedad de un bien raíz.

4. El proceso para determinar el porcentaje de rebaja de arancel solicitado por alumnos de una institución educacional es la siguiente: el departamento de bienestar, previa entrevista efectuada al alumno y habiendo estudiado sus antecedentes, clasifica a los estudiantes en tres categorías: A, B y C.

- Si el alumno es antiguo y tipo C, se considera que no tienen los suficientes antecedentes como para optar a un descuento. Si son antiguos tipo B y en el semestre anterior no reprobaron ningún ramo, se les da un 25% de rebaja, y si reprobaron como máximo 2 asignaturas pero tienen en las restantes un promedio mayor o igual a 5, se les concede un 5% de descuento. Si tal promedio es inferior a 5, sólo acceden a un descuento del 8%. Si reprobaron más de 2 asignaturas, no tienen derecho a este beneficio.

- Si el alumno es antiguo tipo A sólo se le hará descuento si ha reprobado como máximo 1 asignatura en el anterior semestre, y en las restantes tiene un promedio mayor o igual a 4,8. De esta forma se le hará un descuento de un 22%.

- Si son alumnos nuevos, si son tipo A se les hará un 10% de rebaja; si son B y no tiene otro tipo de beca un 15%. Si son tipo C y no tienen otra beca un 10%, y con otro tipo de beca sólo un 5%.

15.2 Tablas de Decisiones

Una tabla de decisión es una herramienta que sirve para representar de manera más fácil la lógica de un problema cuando está es más o menos complicada. Para ello se trata de identificar en el problema las acciones que hay que ejecutar y las condiciones que se tienen que cumplir para ejecutar esas acciones. Las acciones normalmente se identifican a través de los verbos, y las condiciones van a ser las condicionales.

Partes de la Tabla

- Conjunto de condiciones:
  - Son las condiciones que intervienen en el problema. Entrada de condiciones: Son las

CONDICIONES		1	2	3	4
¿Paga contado?		S	S	N	N
¿Compra > $ 50000?		S	N	S	N
ACCIONES					
Calcular descuento 5% s/importe compra		X	X		
Calcular bonificación 7% s/importe compra		X		X	
Calcular importe neto de la factura		X	X	X	X

    combinaciones posibles entre los valores de las condiciones. SI, NO, DA IGUAL.
- Conjunto de acciones:
  - Abarca todas las acciones que se tienen que ejecutar cuando se cumplen un conjunto dado de condiciones.
- Salida de ejecución:
  - Se determina cuándo se ejecuta cada acción.
- La regla de decisión:
  - Es una combinación de un estado en la entrada de condiciones y de una o más acciones asociadas en la parte de la salida de acciones asociadas en la parte de la salida de acciones siendo N el número de condiciones y considerándolas como binarias (SI/NO) habrá un número máximo de 2 elevado a N reglas.
  - Cada regla equivale desde el parte de vista de algoritmos a una estructura si...entonces...fin si, y en cada momento solo se puede cumplir una regla. Las tablas de decisión las podemos usar para controlar la lógica de control de un algoritmo.

Utilidad

Permite representar la descripción de situaciones decisivas, es decir, se representan las distintas alternativas, estados de la naturaleza y las consecuencias.

Nos proporcionan una descripción completa, correcta, clara y concisa de una situación que se resuelve por una decisión tomada en un momento específico del tiempo.

¿Cómo se construye?

1. Determinar las condiciones:

   - Factores relevantes que afectan la toma de decisiones, esto permite identificar las condiciones en la decisión.
   - Cada condición tiene la posibilidad de cumplirse o no.

2. Determinar las acciones posibles

3. Determinar las alternativas para cada condición.

   - Tablas limitadas: solo son posible 2 alternativas (si-no) o (verdadero – falso).
   - Tablas extendidas: para cada condición existe varias alternativas.

4. Calcular el máximo de columnas en la tabla de decisión: se calcula multiplicando el número de alternativas de cada condición.

5. Armar una tabla de cuatro cuadrantes.

CONDICIÓN	REGLAS DE DECISIÓN
Identificación de condiciones	Entradas de acciones
Identificación de acciones	Entradas de condiciones

6. Determinar las reglas que tendrá la tabla de decisión y completar las alternativas, existen dos formas:

- Llenar la tabla considerando una condición a la vez, cada condición adicional se añade a la tabla sin considerar combinaciones y acciones duplicadas.
- Comenzar con la primera condición, dividir el numero de columnas por el numero de alternativas de cada condición y así sucesivamente con las demás condiciones. Ejemplo: la siguiente tabla presenta 6 columnas, cada uno puede tener las alternativa (SI-NO), por lo que, 6/2=3.

7. Completar la tabla completando con X todas las acciones que debe ejecutarse con cada regla.
8. Combinar aquellas reglas en las que aparecen alternativas de condiciones que no influye en el conjunto de acciones.
9. Verificar la tabla para eliminar situaciones imposibles, contradictorias o redundantes.
10. Si es necesario reordene las condiciones y acciones para hacer la tabla más clara.

Condiciones	Reglas							
Condición 1	S	S	S	S	N	N	N	N
Condición 2	S	S	N	N	S	S	N	N
Condición 3	S	N	S	N	S	N	S	N
Acción 1	X	X						
Acción 2				X		X		X
Acción 3		X				X		
Acción 4				X				

Tipos de Tablas de Decisiones

1. Según el número de valores que puedan tomar sus condiciones, en:

   - **Tablas de decisión binaria:** cuando todas las condiciones son binarias, es decir la evaluación de todas las condiciones está limitada a dos valores posibles. También se denomina limitadas. Los valores en general serán SI (S), NO (N), aunque pueden tomar otros valores binarios, por ejemplo, BLANCO (B) o NEGRO(N).

   - **Tablas de decisión múltiples:** cuando todas sus condiciones pueden tomar más de dos valores. También se denominan Ampliadas o Extendidas.

   - **Tablas de decisión mixtas:** son aquellas en que intervienen condiciones binarias y múltiples. Se combinan la forma de los valores de las dos tablas anteriores, considerando los valores de las condiciones en forma de entrada extendida e identificando las acciones en forma de entrada limitada, o viceversa.

2. Según se encadene o no con otras tablas, en:

   - Tablas abiertas: cuando sus acciones tienen referencia a otra tabla de decisión.

   - Tablas cerradas: son aquellas que una vez ejecutada la tabla llamada, devuelve el control a la tabla que lo llamó.

Ejemplo

Se quiere determinar la nómina de los empleados de una empresa de acuerdo con estos criterios:

- Si el empleado es altamente productivo tendrá en nómina un bono de productividad.
- Si el empleado es encargado de su grupo tendrá en nómina un bono de encargado.
- Si el empleado ha cometido una infracción grave durante ese mes le será eliminado cualquier bono que pudiera tener.

La tabla de decisión queda:

	1	2	3	4	5	6	7	8
Empleado altamente productivo	Si	Si	Si	No	No	No	Si	No
Empleado encargado	Si	Si	No	Si	No	Si	No	No
Infracción grave	Si	No	Si	Si	Si	No	No	No
No válido								
Bono Productividad		X					X	
Bono Encargado		X				X		
Sin Bonos	X		X	X	X			
Calcular Nómina	X	X	X	X	X	X	X	X

Los casos 1, 3, 4 y 5 dan lugar al mismo resultado, por lo que vamos a tratar de simplificar la tabla. Para ello sumaremos casos de dos en dos, agrupando aquellos cuyo cumplimiento de condiciones coincida en todos menos en un parámetro. Dicho parámetro se transformará en un - , equivalente a indiferente o Sí/No.

Se simplifica la tabla:

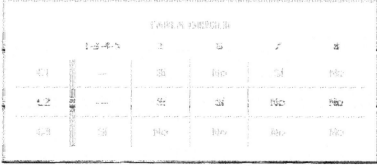

Construimos tabla C3 – No.

Construimos tabla C3 – No – C1 – Sí:

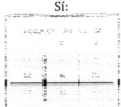

Por tanto C3 divide a la tabla. Nos quedamos con una única columna, por tanto C3 lleva a una única acción.

Construimos la tabla C3 – No – C1 – No:

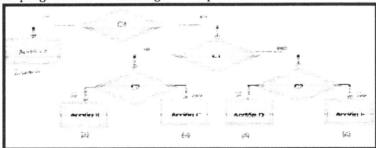

Y se construye el Diagrama de Flujo con las Decisiones, listas para ser programadas en el Código correspondiente:

Ejercicios

1. Una institución de educación, con carreras tanto diurnas como vespertinas, considera lo siguiente en su proceso académico: si un alumno de carrera vespertina tiene una nota de presentación mayor o igual a 6,0, se exime, y si no alcanza el 6,0 pero tiene una nota de presentación igual o mayor a 3,5,

presenta examen. Si el alumno es de carrera diurna, si su nota de presentación es mayor o igual a 3,5, presenta examen (no hay posibilidad de eximirse). En ambos regímenes, si la nota de presentación es menor que 3,5, no aprueba la asignatura.

2. Una aerolínea tiene proyectada la siguiente promoción: las personas que viajen a Europa o América y son pasajeros frecuentes, acceden a un descuento de un 17% en el valor de su pasaje. Además, los que van a Europa sean o no frecuentes reciben un descuento adicional. Los pasajeros que viajan a cualquier punto de Venezuela y son de tipo frecuente, tienen derecho a la compra de un pasaje al mismo destino por un 50% de su valor. Los pasajeros que viajan fuera de Venezuela pero dentro de América, y no son del tipo frecuente, se les concede una cantidad de kilómetros gratuitos en su siguiente viaje. Los que son o no son frecuentes y viajan a Europa, tienen derecho a una noche gratuita en un hotel de la ciudad destino, y tienen el mismo derecho los que van países de América (no Venezuela) y son frecuentes.

3. El proceso de inscripción de alumnos de una Universidad se efectúa de la siguiente manera: si el alumno es nuevo, debe llenar una ficha de inscripción con sus datos. Además, debe pagar una cuota de inscripción a menos que tenga algún tipo de beca autorizada. Todos los alumnos no becados, antiguos y nuevos, deben cancelar un valor por concepto de matrícula antes de una cierta fecha límite. Si el alumno la paga dentro de tal plazo, inscribe asignaturas. Si lo hace fuera del plazo establecido, deberá elevar una solicitud.

Dependiendo de los motivos que el alumno tuvo para pagar la matrícula fuera del plazo, la solicitud podrá ser aprobada o rechazada. Si es rechazada, quedará fuera del proceso y perderá los montos que hubiera cancelado. Si es aceptada, podrá efectuar su inscripción de asignaturas, previo pago de una multa, de la cual están exentos los alumnos nuevos.

4. La Unidad de Informática de una Universidad posee tres tipos de laboratorio de computación: el primero tiene equipos de tecnología de punta, multimedia y acceso a Internet; el segundo tiene acceso a red pero los equipos son de menor capacidad; el tercero no tiene acceso a Internet, y son equipos más antiguos.

    - Ahora bien, las horas de acceso a los computadores se dan de acuerdo a prioridades que dependen de ciertas características de los alumnos. Así, la prioridad 1 se otorga a los alumnos que siguen carreras del área informática. La prioridad 2 se da a alumnos de otras carreras que tienen asignaturas de computación. La prioridad 3 la tienen alumnos de otras carreras que no tienen ninguna asignatura de computación.

    - Los alumnos de las carreras del área informática que se encuentran en cursos superiores, pueden acceder a todos los laboratorios. Los de esas carreras pero de cursos inferiores acceden a los laboratorios tipo 2 y 3. Los alumnos de otras carreras, de cualquier nivel, acceden sólo al laboratorio 3.

5. Un local de alquiler de películas tiene el siguiente procedimiento: se pueden alquilar películas de estreno y normales. Si alquila una película normal y no ha tenido atrasos anteriores, se le presta por 48 horas, y si ha tenido atrasos por 24 horas. Si alquila una película de estreno, lo hace por 24 horas, sin importar si ha tenido atrasos o no. Si se alquilan más de dos videos normales y no ha tenido atrasos, puede llevar una película gratis. Si alquila más de dos películas normales, pero ha tenido atrasos, puede llevar otra película al 50% de su valor. Si alquila más de dos estrenos, puede llevar otra película por el 50% de su valor, sin importar si ha tenido o no atrasos anteriores.

    *   NOTA: Se asume que un cliente puede llevar un solo tipo de película a la vez, es decir alquila estreno o normal, pero no ambas.

6. Una entidad financiera tiene como servicio a sus clientes el otorgamiento de créditos. Si el cliente tiene una antigüedad mayor o igual a dos años, se considera su valor promedio de movimientos mensuales para optar a un crédito, de la siguiente forma: si su promedio es mayor o igual a Bs 600.000, puede optar a un crédito máximo de 1 millón de Bs. Si su promedio es inferior a Bs 600.000 pero igual o superior a Bs 400.000, puede optar a un crédito máximo de Bs 700.000. Si su promedio es inferior a Bs 400.000 pero superior o igual a Bs 250.000, el máximo al que puede optar es Bs 500.000. En cualquiera de estos casos, el cliente elige el número de cuotas.

    *   Si la antigüedad del cliente es inferior a 2 años, con los mismos promedios, puede optar a los

mismos montos de crédito como si tuviera la antigüedad, pero cancelando un interés adicional. En este caso, además, debe considerarse que si el promedio mensual del cliente es inferior a Bs 400.000 puede solicitar un máximo de 6 cuotas, y si es superior o igual a Bs 400.000, el máximo de cuotas es 10.

7. Se ha organizado un Campeonato Deportivo a nivel nacional que se llevará a cabo en nuestra ciudad. Participan dos categorías, juvenil y adulto, y participan deportistas de todo el país. Cada deportista participa en una sola disciplina.

- Para la premiación se considera lo siguiente: el primer lugar en las diferentes disciplinas deportivas recibirá medalla de oro, el segundo lugar medalla de plata y el tercer lugar medalla de bronce. Además, los primeros lugares de categoría adulto recibirán un incentivo en dinero. Los deportistas juveniles o adultos que obtienen primer o segundo lugar y no son del Estado Zulia, reciben una medalla de reconocimiento, que también se le da a los segundos lugares de categoría adulto, no importa si son o no de otros Estados. Los primeros y segundos lugares de la categoría juvenil y que son del Estado Zulia, ganan también el derecho de asistir en forma gratuita por un año a un gimnasio tres veces por semana.

15.3 Referencias Bibligráficas

- Árboles de Decisión
  - http://es.wikipedia.org/wiki/%C3%81rbol_de_decisi%C3%B3n
  - http://descuadrando.com/%C3%81rbol_de_decisi%C3%B3n
  - http://www.ehowenespanol.com/ventajas-desventajas-arboles-decision-lista_163237/
  - http://www.ecured.cu/index.php/%C3%81rbol_de_decisi%C3%B3n
  - http://www.ehowenespanol.com/tipos-arboles-decision-sobre_97878/
- Tablas de Decisiones
  - http://www.buenastareas.com/ensayos/Tabla-Decision/621688.html
  - http://informaticadesistemasuno.blogspot.com/2009/04/tablas-de-decision.html
  - http://eve-ingsistemas-u.blogspot.com/2012/05/tablas-de-decision-parte-1.html

16 APÉNDICE 3. ENFOQUES DE BASE DE DATOS

Una Base de Datos es una colección integrada de archivos (interrelacionados), accesibles a múltiples aplicaciones.

✍ Entre sus características se pueden mencionar:

  ✓ Disminuye redundancia de datos

  ✓ Elimina inconsistencia entre datos redundantes

  ✓ Comparte datos entre múltiples usuarios

  ✓ Establece estándares y seguridad

  ✓ Protege la integridad de los datos

  ✓ Independiza programas de estructuras de datos

✍ Se presentan cuatro Enfoques o Modelos de Base de Datos, a saber:

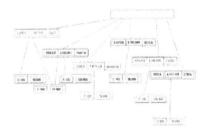

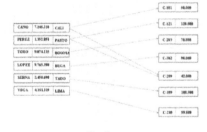

Jerárquico   Redes

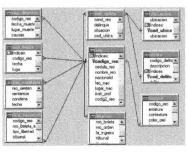

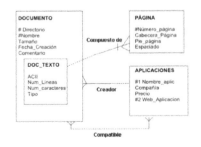

Relacional   Orientado a Objetos

Desarrollo de Sistemas de Información – Luis R Castellanos

- Normalización
  - ✓ Formas Normales
  - ✓ 1FN (1ra Forma Normal) (Elimina grupos repetidos)
  - ✓ 2FN (Elimina dependencias parciales y busca dependencia funcional con clave primaria)
  - ✓ 3FN (Elimina dependencias transitivas)
  - ✓ BCNF (Forma Normal Boyce/Codd)
  - ✓ 4FN
  - ✓ 5FN
- Ejemplo de Normalización

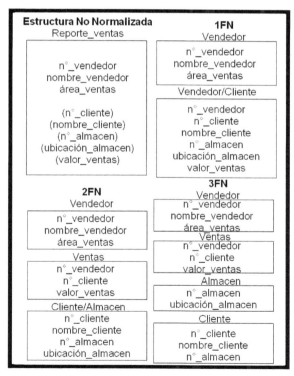

A continuación se presenta la normalización, pero señalando cómo se verían los archivos una vez aplicada la misma:

Normalización

Num_Vendedor	Nombre_Vendedor	Area_Ventas	Num_Cliente	Nombre_Cliente	Num_Almacen	Ubicación	Valor_Ventas
123	Pedro Pérez	Norte	456	Juan Gómez	1	Limpia	1500
123	Pedro Pérez	Norte	789	María Parra	2	Delicias	2400
123	Pedro Pérez	Norte	390	Alfonso Bello	3	1 de Mayo	3500
123	Pedro Pérez	Norte	789	María Parra	2	Delicias	1750
123	Pedro Pérez	Norte	390	Alfonso Bello	3	1 de Mayo	2170
123	Pedro Pérez	Norte	456	Juan Gómez	1	Limpia	2450
125	Luis Castro	Sur	567	Beto Prieto	4	Coromoto	1240
125	Luis Castro	Sur	219	Carlos Silva	5	Polar	1570
125	Luis Castro	Sur	379	Digna Romero	6	Pinar	2160
125	Luis Castro	Sur	567	Beto Prieto	4	Coromoto	1230
125	Luis Castro	Sur	219	Carlos Silva	5	Polar	2340
125	Luis Castro	Sur	379	Digna Romero	6	Pinar	1230
134	Carol Apitz	Oeste	891	Ender Palmar	7	Rotaria	3210
134	Carol Apitz	Oeste	158	Kathy Meza	8	Curva	1280
134	Carol Apitz	Oeste	891	Ender Palmar	7	Rotaria	2390
134	Carol Apitz	Oeste	158	Kathy Meza	8	Curva	1780
141	Isabel Muñoz	Este	493	Tomás Molero	9	Cotorrera	1230
141	Isabel Muñoz	Este	283	Aurora Blanco	10	Santa Lucía	2180
141	Isabel Muñoz	Este	493	Tomás Molero	9	Cotorrera	1960

Estructura no Normalizada

Normalización

Num_Vendedor	Nombre_Vendedor	Area_Ventas
123	Pedro Pérez	Norte
125	Luis Castro	Sur
134	Carol Apitz	Oeste
141	Isabel Muñoz	Este

Num_Vendedor	Num_Cliente	Nombre_Cliente	Num_Almacen	Ubicación	Valor_Ventas
123	456	Juan Gómez	1	Limpia	1500
123	789	María Parra	2	Delicias	2400
123	390	Alfonso Bello	3	1 de Mayo	3500
123	789	María Parra	2	Delicias	1750
123	390	Alfonso Bello	3	1 de Mayo	2170
123	456	Juan Gómez	1	Limpia	2450
125	567	Beto Prieto	4	Coromoto	1240
125	219	Carlos Silva	5	Polar	1570
125	379	Digna Romero	6	Pinar	2160
125	567	Beto Prieto	4	Coromoto	1230
125	219	Carlos Silva	5	Polar	2340
125	379	Digna Romero	6	Pinar	1230
134	891	Ender Palmar	7	Rotaria	3210
134	158	Kathy Meza	8	Curva	1280
134	891	Ender Palmar	7	Rotaria	2390
134	158	Kathy Meza	8	Curva	1780
141	493	Tomás Molero	9	Cotorrera	1230
141	283	Aurora Blanco	10	Santa Lucía	2180
141	493	Tomás Molero	9	Cotorrera	1960

1ra Forma Normal

Normalización

Num_Vendedor	Num_Cliente	Valor_Ventas
123	456	1600
123	789	2400
123	390	3600
123	789	1750
123	390	2170
123	456	2450
125	567	1240
125	219	1570
125	379	2160
125	567	1230
125	219	2340
125	379	1230
134	891	3210
134	158	1280
134	891	2390
134	158	1780
141	493	1230
141	283	2180
141	493	1960

Num_Vendedor	Nombre_Vendedor	Area_Ventas
123	Pedro Pérez	Norte
125	Luis Castro	Sur
134	Carol Apitz	Oeste
141	Isabel Muñoz	Este

Num_Cliente	Nombre_Cliente	Num_Almacen	Ubicación
456	Juan Gómez	1	Limpia
789	María Parra	2	Delicias
390	Alfonso Bello	3	1 de Mayo
567	Beto Prieto	4	Coromoto
219	Carlos Silva	5	Polar
379	Digna Romero	6	Pinar
891	Ender Palmar	7	Rotaria
158	Kathy Meza	8	Curva
493	Tomás Molero	9	Cotorrera
283	Aurora Blanco	10	Santa Lucía

2da Forma Normal

Normalización

Num_Vendedor	Num_Cliente	Valor_Ventas
123	456	1600
123	789	2400
123	390	3600
123	789	1750
123	390	2170
123	456	2450
125	567	1240
125	219	1570
125	379	2160
125	567	1230
125	219	2340
125	379	1230
134	891	3210
134	158	1280
134	891	2390
134	158	1780
141	493	1230
141	283	2180
141	493	1960

Num_Vendedor	Nombre_Vendedor	Area_Ventas
123	Pedro Pérez	Norte
125	Luis Castro	Sur
134	Carol Apitz	Oeste
141	Isabel Muñoz	Este

Num_Cliente	Nombre_Cliente	Num_Almacen
456	Juan Gómez	1
789	María Parra	2
390	Alfonso Bello	3
567	Beto Prieto	4
219	Carlos Silva	5
379	Digna Romero	6
891	Ender Palmar	7
158	Kathy Meza	8
493	Tomás Molero	9
283	Aurora Blanco	10

Num_Almacen	Ubicación
1	Limpia
2	Delicias
3	1 de Mayo
4	Coromoto
5	Polar
6	Pinar
7	Rotaria
8	Curva
9	Cotorrera
10	Santa Lucía

3ra Forma Normal

17 ACERCA DE LA DIFUSIÓN DE LA METODOLOGÍA

Ha sido impartida en las aulas de clases del IUPFAN-CEP, UJGH, y UNEFA Núcleo Zulia, entre otros.

Numerosos Trabajos Especiales de Grado en la UJGH y en la UNEFA Núcleo Zulia han empleado la Metodología de Desarrollo Incremental de Desarrollo de Sistemas.

Ha sido presentada en los siguientes eventos científicos:

- ⌐ En el CIEI 2009 (I Congreso Iberoamericano de Enseñanza de la Ingeniería), llevado a cabo en La Isla de Margarita (Estado Nueva Esparta, Venezuela, año 2009)
- ⌐ En el marco de las VIII Jornadas de Investigación y Postgrado del Núcleo Punto Fijo (Estado Falcón) de La Universidad del Zulia (LUZ), año 2010.
- ⌐ En las 2das Jornadas de Investigación de la Universidad José Gregorio Hernández (UJGH), Maracaibo (Estado Zulia), en el año 2010.
- ⌐ En Jornadas de Tecnología del Instituto Universitario San Francisco (IUSF), San Francisco (Estado Zulia), año 2015.

https://desarrollodesistemas.wordpress.com

18 REFERENCIAS BIBLIOGRÁFICAS

⌕ Cohen, Ch. & González, J: "Documentación de Sistemas". UNA. Caracas, 1988.

⌕ Date,C.J.: "Introducción a los Sistemas de Bases de Datos". Addison-Wesley. EEUU, 1993.

⌕ Gane, Ch. & Sarson, T.: "Análisis Estructurado de Sistemas". El Ateneo. Buenos Aires, 1988.

⌕ Hartman, W; Matthes, H; & Proeme, A.: "Manual de los Sistemas de Información (ARDI)". Paraninfo. Madrid, 1985.

⌕ Hillier, F. & Lieberman, G: "Introducción a la Investigación de Operaciones". Ed Mc Graw Hill. México, 1999.

⌕ Kendall, K. & Kendall, J.: "Análisis y Diseño de Sistemas". Prentice Hall. México, 1991.

⌕ Kreitner, Robert: "Management". Houghton Mifflin. Boston, 2001.

⌕ Lloréns, J. & Bauza, J.: "Administración de Proyectos". Miró. Caracas, 1991.

⌕ Lloréns, Juan: "Sistemas de Información. Planificación, Análisis y Diseño". Miró. Caracas, 1991.

⌕ Idem: "Sistemas de Información. Desarrollo, Implantación y Mantenimiento. Miró. Caracas, 1991.

- Idem: "Sistemas de Información. Metodología Estructurada. Tomo I: Desarrollo de Sistemas". Reverte. Caracas, 1989.

- Long, Larry: "Introducción a las Computadoras y al Procesamiento de Información". Prentice Hall. México, 1995.

- Martin, James & Odell, James: "Análisis y Diseño Orientado a Objetos". Prentice Hall. México, 1994.

- Montilva, Jonás: "Desarrollo de Sistemas de Información". ULA. Mérida, 1990.

- Murdick, Robert: "Sistemas de Información Administrativa". Prentice Hall. México, 1988.

- Senn, James: "Análisis y Diseño de Sistemas de Información". McGraw Hill. México, 1987.

- Idem: "Análisis y Diseño de Sistemas de Información". McGraw Hill. México, 1992.

- Yourdon, Edward: "Análisis Estructurado Moderno". Prentice Hall. México, 1993.

https://desarrollodesistemas.wordpress.com

Del Autor

Luis Castellanos

Nacido en Caracas, DC, Venezuela. Padre de dos hijos.

Formación Académica

Ingeniero de Sistemas (IUPFAN), MSc en Ingeniería de Sistemas (USB). Experto en Tecnopedagogía y Educación Virtual (FATLA). Doctor Honoris Causa (CIHCE).

Experiencia Docente

Docente Universitario a nivel de Pregrado y Postgrado.

Ha impartido clases en: Universidad del Zulia (LUZ), Universidad Rafael Urdaneta (URU), Instituto Universitario Politécnico de la Fuerza Armada (IUPFAN), Universidad Nacional Experimental de la Fuerza Armada (UNEFA), Universidad José Gregorio Hernández (UJGH), Atlantis University (AU).

Páginas Web

De todo un Poco (http://luiscastellanos.org)

Revista Digital "De Tecnología y Otras Cosas" (DTyOC – http://dtyoc.com)

Libros publicados

Reflexiones Diarias, Desarrollo de Sistemas de Información, Seguridad Informática, Del Pizarrón a la Ubicuidad, Cómo superar una separación, Cómo crear y mantener un Blog

Ingeniería Social, ISO 27000, Estrategia y Planificación Estratégica, Identidad Digital, Me llamo Luis y soy Nomofóbico, Sistemas Operativos – Guía de Estudio

www.ingramcontent.com/pod-product-compliance
Lightning Source LLC
Chambersburg PA
CBHW071213050326
40689CB00011B/2322